Eugen Roth
Alle Rezepte vom Wunderdoktor

W0226996

Eugen Roth

Alle Rezepte vom Wunderdoktor

Der Wunderdoktor

Neue Rezepte vom
Wunderdoktor

Hanser

4 5 6 7   18 17 16

ISBN 978-3-446-24657-7
Lizenzausgabe Sanssouci im Carl Hanser Verlag GmbH & Co. KG,
München 2004
© für diese Ausgabe: Carl Hanser Verlag, München 2004
Einbandgestaltung: Birgit Schweitzer, München,
unter Verwendung eines Motivs von Philip Waechter
Satz im Verlag
Druck und Bindung:
Memminger MedienCentrum AG, Memmingen
Printed in Germany

Der Wunderdoktor

Vorwort

Klar steh am Anfang des Gedichts:
Von Medizin versteh ich nichts!
Der Leser sei vor dem gewarnt,
Was hier sich wissenschaftlich tarnt,
Denn es ist bestenfalls zum Lachen –
Nie, um davon Gebrauch zu machen.
Mein Blick ist leider gar nicht klinisch,
Ich geb mich hier nur medi-zynisch.
Erschien doch zu der Menschheit Fluch
Manch närrisch-ernstgemeintes Buch:
Da werd auch ich, statt tief zu schürfen,
Zum Spaß wohl Unsinn bringen dürfen.
Mit ihren Lesefrüchten treiben
Obsthandel viele, die da schreiben;
Nun – da erhofft von mir man kaum
Nur Früchte vom Erkenntnisbaum.
Und scheints euch oft, ich hätt kein Herz
Und triebe mit Entsetzen Scherz –
Besänftigt den Entrüstungssturm:
Auch ich hab oft mich wie ein Wurm
Gekrümmt vor Schmerzen, Tag und Nacht,
Und schließlich hab ich *doch* gelacht.
Die Welt, sie ist im Grunde roh,
Und trotzdem sind die Menschen froh.
Drum lest und lacht – denn, Gott sei Dank,
Es lacht so leicht sich keiner krank.
Doch freuen sollt michs, wenn durch Lesen
Und Lachen mancher sollt genesen!

Lob der Heilkunst

Zwar Handwerk oft und nur zum Teil Kunst
Ist doch das Wichtigste die Heilkunst.
Gäb sonst ein Künstler so bescheiden
Sich ab mit kleinen Erdenleiden?
Unsterblichkeit ist Künstlers Ziel –
Heilkünstler wollen nicht so viel:
Sie sind zufrieden, kommts so weit,
Daß nachläßt nur die Sterblichkeit.
Die andern Künste sind im Grunde
Doch nur Genüsse für Gesunde:
Mitunter mehr als ein Gedicht
Den Kranken ein Rezept anspricht,
Und mehr als ein Gemäld ihm gilt
Ein wohlgetroffenes Krankheitsbild,
Weil ihm vor allem daran liegt,
Daß selbst er wieder Farbe kriegt.
Hörst du vor Schmerz die Engel singen,
Der Doktor zwingt ihn, abzuklingen.
So ist im Arzte Blüt und Kraft
Vereint von Kunst und Wissenschaft.

Die Ärzte

1.

Die Ärzte sind verschiedner Art;
Ich schildre den zuerst, der zart:
Oft ist er wie ein Lämmlein sanft,
Noch spielend an des Todes Ranft,
Erzählt uns muntre Anekdötchen,
Macht Männchen oder gibt uns Pfötchen.
Er zwitschert fröhlich wie ein Schwälbchen
Und er verschreibt ein harmlos Sälbchen,
Tablettchen oder bittre Pillchen
Und funkelt schalkhaft durch sein Brillchen
Mit Äuglein, frömmer als ein Rehlein –
Selbst Darmkrebs nennt er noch Wehwehlein.
Froh ist am Schluß das arme Kränkchen,
Wenn er nun fortgeht, Gott sei Dänkchen.

2.

Wenn ich den Läppischen nicht lobe,
Ist doch auch unerwünscht der Grobe.
Er mustert streng uns, herzenskalt:
»Was, über Sechzig sind Sie alt?
Da wird es sich wohl nicht mehr geben –
Nun ja, wer will denn ewig leben?«
»Gelebt, geliebt, geraucht, gesoffen –
Und alles dann vom Doktor hoffen!«
So etwa spricht er, grimmig barsch:
»Nicht zimperlich jetzt. Ausziehn, marsch!«
»Im Kopf fehlts? Nun, das dacht ich gleich –
Da ist ja das Gehirn schon weich!«
Holt er den Nagel von der Zeh
Und man erklärt, das tue weh: –
»Wenns wohl tät, wärt ihr da in Haufen,
Und ich käm gar nicht mehr zum Schnaufen.«
Er knurrt wohl auch, ein wüster Spaßer:
»Sie stehn ja bis zum Hals im Wasser!«
Auch sagt er, statt uns Trost zu gönnen:
»Viel wird man da nicht machen können!«
Scheint er als Mensch auch nicht vergnüglich,
Ist er doch meist als Arzt vorzüglich.

3.

Sag ich zu beiden Fällen nein –
Fragt ihr: »Wie soll der Arzt denn sein?«
Die Antwort hab ich da geschwind –
So, wie gottlob fast alle *sind!*
Der gute Arzt ist nicht zu zärtlich,
Doch ist er auch nicht eisenbärtlich.
Nicht zu besorgt und nicht zu flüchtig,
Er ist, mit einem Worte, tüchtig.
Er ist ein guter Mediziner,
Erst Menschheits-, dann erst Geldver-Diener.
Gesunde fühlen sich wie Götter
Und werden leicht am Arzt zum Spötter.
Doch bricht dann eine Krankheit aus,
Dann schellen sie ihn nachts heraus
Beim allerärgsten Sudelwetter
Und sind ganz klein vor ihrem Retter.
Der kommt – nicht wegen der paar Märker,
Die Nächstenliebe treibt ihn stärker,
(Schlief er auch noch so süß und fest)
Zu kriechen aus dem warmen Nest.
Behandelt drum den Doktor gut,
Damit er euch desgleichen tut!

Der Zahnarzt

Nicht immer sind bequeme Stühle
Ein Ruheplatz für die Gefühle.
Wir säßen lieber in den Nesseln,
Als auf den wohlbekannten Sesseln,
Vor denen, sauber und vernickelt,
Der Zahnarzt seine Kunst entwickelt.
Er lächelt ganz, empörend herzlos
Und sagt, es sei fast beinah schmerzlos.
Doch leider, unterhalb der Plombe,
Stößt er auf eine Katakombe,
Die, wie er mit dem Häkchen spürt,
In unbekannte Tiefen führt.
Behaglich schnurrend mit dem Rädchen
Dringt vor er bis zum Nervenfädchen.
Jetzt zeige, Mensch, den Seelenadel!
Der Zahnarzt prüft die feine Nadel,
Mit der er alsbald dir beweist,
Daß du voll Schmerz im Innern seist.
Du aber hast ihm zu beweisen,
Daß du im Äußern fest wie Eisen.
Nachdem ihr dieses euch bewiesen,
Geht er daran, den Zahn zu schließen.
Hat er sein Werk mit Gold gekrönt,
Sind mit der Welt wir neu versöhnt
Und zeigen, noch im Aug die Träne,
Ihr furchtlos wiederum die Zähne:
Die wir – ein Prahlhans, wers verschweigt –
Dem Zahnarzt zitternd nur gezeigt.

Wundermänner

Aufs Zeil-Eis führt man keinen mehr
Doch kommt halt immer wieder wer,
Gesendet, daß er nebenbuhle
Der starren Medizin der Schule,
Die gegenüber solchen Tröpfen
Versucht, sich frostig zuzuknöpfen.
Wie zwischen Waiblingern und Welfen
Hebt drüber, inwieweit sie helfen,
Bald an ein heftiges Gezeter:
Hie Ärzte, hie Erfolgsanbeter!
Dann trüben rasch die Strahlenkräfte
Des Wundermanns sich zum Geschäfte.
Eh er geheilt die letzten Blinden,
Wird wieder spurlos er verschwinden.
Ans Stanniol glaubt keiner mehr –
Doch kommt halt immer wieder wer …

Wertbegriffe

Der eigne Herd ist Goldes wert.
Doch nicht so ists beim Krankheitsherd,
Da bringt der *fremde* Gold allein
Dem Arzt und Apotheker ein.

Chirurgie

Wenn wer (damit es sich nicht sträubt)
Sein Opfer erst einmal betäubt,
Sich Geld verschafft dann mit dem Messer,
So ist das sicher ein Professer,
Dem jedermann, der schwer erkrankt,
Für solche Tat noch herzlich dankt.
Die Operation gelingt
Dem Arzt von heute unbedingt.
Kommt gar der Patient davon,
Ists für den Doktor schönster Lohn –
Weil beiden Freude dann gebracht
Der gute Schnitt, den er gemacht.

Schnittiges

Wir scheuen alle zwar das *Messer*
Doch *Scherereien* sind nicht besser.

Einem Berühmten

Wenn du auch noch so gut chirurgst,
Es kommt der Fall, den du vermurkst.

Wandlungen der Heilkunst

Es wechseln ärztliche Methoden
Beinah so wie die Damenmoden:
Klistieren, Schröpfen, Hygiene,
Schilddrüse, Blinddarm, Mandeln, Zähne –
Auf all das stürzt sich voller Kraft
Der Reihe nach die Wissenschaft.
Was gestern galt, das wird als Wahn
Gewiß schon heute abgetan.
Doch glücklich, wer, eh es zu spät,
Was morgen Mode wird, errät.
Nur ist vergeblich alle Müh,
Errät es einer – allzufrüh.

Ärztliches Zeugnis

Der Arzt bezeugt, je nach Befund,
Daß du a) krank bist, b) gesund.
Ein klarer Fall, wenn ohne List
Du wirklich sein willst, was du bist.
Doch meistens suchst du nur den Schein.
Will dir der Arzt gefällig sein,
Stellt er – denn darauf läufts hinaus –
Sich selbst ein Armutszeugnis aus …

Klare Entscheidung

Ja, der Chirurg, der hat es fein:
Er macht dich auf und schaut hinein.
Er macht dich nachher wieder zu –
Auf jeden Fall hast du jetzt Ruh.
Wenn *mit* Erfolg, für längere Zeit,
Wenn *ohne* – für die Ewigkeit.

Homöopathie

Leicht läßt Gesundung sich erreichen,
Wenn einer Gleiches heilt mit Gleichem.
Zu der Behandlung braucht man nur
Zwei Dutzend Fläschchen, eine Uhr
Und die Geduld, daß man bestimmt
In jeder Stund drei Tropfen nimmt.

Honorarisches

Es lehrt uns Hahnemann, es habe,
Die größte Wirkung kleinste Gabe.
Und mancher Arzt hält das für wahr,
Wenns nicht betrifft sein Honorar.

Lauter Doktoren

Ein kleiner Unfall ist geschehn:
Rasch heißts nach einem Doktor sehn!
Das ist nicht schwer – die Welt ist klug,
Doktoren gibt es grad genug!
Der erste, den man rufen will,
Ist leider nur ein Dr. phil.
Der zweite, welcher helfen soll,
Ist ausgerechnet ein rer. pol.
Der dritte, dem man auf der Spur,
Stellt sich heraus als Dr. jur.
Der vierte ist ein Dr.-Ing.,
Der fünfte, endlich, medizin'sch,
Doch schlimmer als ein Erzquacksalber:
Er ist nur Dr. ehrenhalber!

Der Stabsarzt

Der Stabsarzt sieht, als Optimist,
Dich viel gesünder, als du bist.

Der rechte Arzt

Fehlt dirs an Leber, Lunge, Magen,
Mußt du es den Bekannten sagen,
Damit sie, die dir Heilung gönnen,
Dir *ihren* Arzt verraten können.
Ist deine Krankheit eine schwierige,
Kann keiner helfen als der *ihrige*.
Sie möchtens schriftlich dir bescheinigen,
Daß du verratzt bist mit dem deinigen.
Herr Meier, der sich unterfing
Und nicht zu *ihrem* Doktor ging –
Es fehlte ihm wie dir das gleiche –
War nach sechs Wochen eine Leiche.
Herrn Schmidt, der auch es ausgeschlagen,
Den hat man bald hinausgetragen,
Den braven Mann, den unermüdlichen,
Er liegt im Friedhof jetzt, im südlichen.
Doch Schneckenbeck, für dessen Leben
Kein Mensch ein Fünferl mehr gegeben,
Dem gab *ihr* Doktor eine Salbe:
Jetzt trinkt er täglich siebzehn Halbe!
Drum, willst du sinken nicht ins Grab,
Dann laß von deinem Doktor ab
Und lasse nur noch einen holen,
Der von Bekannten dir empfohlen,
Weil du nur dann – wenn doch du stirbst –
Ein Recht auf Mitleid dir erwirbst.
Sonst sagen sie nur, tief empört:
Er hat ja nie auf uns gehört!

Neue Heilmethoden

Berühmt zu werden, liegt an dem:
Du mußt begründen ein System!
Such was Verrücktes und erkläre,
Daß alles Heil im Kuhmist wäre,
Dem, auf die Wunde warm gestrichen,
Noch jede Krankheit sei gewichen
Und den, nachweislich, die Azteken
Geführt in ihren Apotheken …
Hält man dich auch für einen Narren,
Du mußt nur eisern drauf beharren,
Dann fangen immer einige an,
Zu glauben, es sei doch was dran,
Und du gewinnst dir viele Jünger,
Die deine Losung: »Kraft durch Dünger!«
Streng wissenschaftlich unterbauen
Und weiterkünden, voll Vertrauen.

Orthopädie

Die Kniee knickt nicht nur das Laster –
Nein, auch das harte Straßenpflaster
Führt brave Jünglinge und Mädchen
In die Gewalt des Orthopädchen.
Auslagen sind dann immer groß,
Einlagen häufig wirkungslos.

Legende

Zu einem wackern Gottesknecht,
Der durch Arzneikunst schlecht und recht
Sein nicht zu üppig Brot erwarb,
Sprach einst ein Kranker, eh er starb,
Verärgert durch die letzten Qualen:
»Laß dir zurück dein Schulgeld zahlen!«
Der Arzt, der recht sich überlegt,
Was er fürs Studium ausgelegt,
Fand diesen Vorschlag gar nicht dumm
Und lief nun überall herum
Bei hohen und bei niedern Stellen,
Bei den Dekanen und Pedellen,
Berief sich auf des Sprichworts Macht –
Doch wurde er nur ausgelacht.
Man nannte schließlich ihn verrückt
Und keinesfalls ists ihm geglückt,
Obwohl ers trieb bis zur Ermattung,
Zu finden Lehrgeldrückerstattung.
Wär schwach die Welt in *einem* Falle,
Dann kämen wir ja alle, alle,
Und möchten fröhlich leben später
Vom Geld, das zahlten unsre Väter.

Apotheker

Ein Glück, daß wir der Medizinen
Nicht völlig gratis uns bedienen,
Nein, daß das Schicksal, mild und weise,
Schuf hohe Apothekerpreise.
Nicht immer ist ein Arzt dein Retter,
So er dein Schwager oder Vetter
Und ringsum an beherzte Huster
Umsonst verteilt die Ärztemuster.
Im Kostenlosen liegt ein Reiz:
Man frißts hinein aus purem Geiz.
Ja, würden nach gehabten Proben
Die Leute wenigstens noch loben!
Doch sagen sie, es sei ein Dreck
Und habe alles keinen Zweck!
Der hohe Preis als höherer Wille
Schlägt ab den Sturm auf die Pastille.
Denn noch ein jeder hat bedacht sich,
Wenns heißt: »Macht fünf Mark dreiundachtzig.«
Es lobt darum ein weiser Seher
Der Säftleinmischer, Pillendreher
Uraltes, heiliges Geschlecht,
Das zwar nicht billig – aber recht!

Blinddarm

Der Blinddarm lebt im dunkeln Bauch,
Ist nicht nur blind, ist taubstumm auch,
Ein armer Wurm, unnütz und krumm
Und, höchstwahrscheinlich, schrecklich dumm,
Infolgedessen leicht gereizt,
Sobald sich irgend etwas spreizt.
Wir merkens leider meist zu spät,
Wenn dieser Wurm in Wut gerät.
Denn, ach, er kanns nicht anders künden
Als durch ein heftiges Sich-entzünden.
Wie wollt man ihn um Ruhe bitten? –
Kurzweg wird er herausgeschnitten.
Und ohne Wurmfortsatz wird jetzt
Das Leben einfach fortgesetzt.

Steinleiden

Ein Nieren- oder Gallenstein
Mag ungeheuer schmerzhaft sein.
Wer aber redet von den Schmerzen,
Die oft ein Stein macht auf dem Herzen?
Das ist der beste Arzt der Welt,
Der macht, daß er herunterfällt!

Hautleiden

Oft führ man gern aus seiner Haut,
Doch, wie man forschend um sich schaut,
Erblickt man ringsum lauter Häute,
In die zu fahren auch nicht freute.
Hätt sich auch einer selbst erspürt
Als Narr, wo ihn die Haut anrührt,
Er bleibt, nach flüchtigem Besinnen,
Doch lieber in der seinen drinnen!

Hygrometrie

Unmittelbar hat ein Erlebnis
Oft tiefe Rührung zum Ergebnis
Und den Entschluß, ganz sicher nun
Sofort die gute Tat zu tun.
Jedoch der aufgewallten Rührung
Folgt Zeit zuerst, dann Nichtausführung.
Die Welt bleibt deshalb voll von Tränen
Und genialen Trocknungsplänen.
Vermutlich braucht sie jederzeit
Ihr gleiches Maß an Feuchtigkeit.

Herz

Leicht fiel' das Herz uns in die Hosen
Würd es nicht auf das Zwerchfell stoßen.
Gefährlich, gar in unsern Tagen,
Ists, auf der Zunge es zu tragen.
Man lasse es noch, bestenfalls,
Aus Angst wohl klopfen bis zum Hals
Und nehms, wenn man das nötig fände,
Mit Vorsicht fest in beide Hände!
Doch hat dies alles wenig Zweck:
Man laß es auf dem rechten Fleck!

Herzklappe

Oft klappen Herzenssachen nicht,
Wobei das Herz meist nicht gleich bricht.
Herzklappenfehler heilt man wohl
Im ersten Schmerz mit Alkohol.
Dreht sichs, wie meist, um Frauenzimmer,
Ist einer oft geheilt für immer.

Augenleiden

Schlecht sehn – ein Glas hilft da fast immer.
Doch nur das Schlechte sehn ist schlimmer.
Scharf zuzusehn empfiehlt sich nicht,
Denn es zerstört die Zuversicht.
Sehschärfe schadet dem Gemüte,
Wenn wir sie mildern nicht durch Güte.
Rezept: Vertrau dich dem Geschick
Des Optikers für inneren Blick!

Schwindel

Zur *Ohnmacht* kann der Schwindel führen,
Bis das Bewußtsein wir verlieren.
Das Selbstbewußtsein, wie bekannt,
Hält auch dem ärgsten Schwindel stand.
Im übrigen nehmt euch in acht:
Oft führt der Schwindel auch zur *Macht!*

Auf der Reise

Schon schlimm genug, wenn sich daheim
Entwickelt einer Krankheit Keim,
Wo du, um etwas auszubrüten,
Das eigne Bett nur brauchst zu hüten. –
Doch scheußlicher, wenn in der Fremden,
Wo du beschränkt an Geld und Hemden,
In, beispielsweise, Wolfenbüttel,
Dich jäh erfaßt ein Frostgeschüttel,
Wenn dir in Schneizelreuth, in Krün,
Wird gar der Lebensfaden dünn;
Vielleicht fällts grad in Schwarzenstein
Der häßlichsten der Parzen ein,
Dir – gottlob ohne langes Leiden –
Besagten Faden abzuschneiden.
Vergebens du dem Schicksal grolltest,
Liegst du nun, wo du gar nicht wolltest,
Jetzt unterm Marmor oder Tuffstein
In Berchtesgaden oder Kufstein.
Darum, mein Lieber, überlegs
Und werde krank nicht unterwegs!

Gemütsleiden

Es können die Gemütskrankheiten
Nur, wo Gemüt ist, sich verbreiten;
Drum gehen auch, zu unserm Glück,
Gemütskrankheiten stark zurück.

Übelkeit

Du magst der Welt oft lange trotzen,
Dann spürst du doch: es ist zum – .
Doch auch wenn deine Seele bricht,
Beschmutze deinen Nächsten nicht!

Brüche

So mancher geht, zwar unter Schmerzen,
Noch aufrecht mit gebrochnem Herzen.
Doch nicht, wer Arm und Bein gebrochen:
Das Herz hat eben keine Knochen!

Fußleiden

Auf Freiersfüßen langsam gehe,
Denn auf dem Fuße folgt die Ehe.

Reiztherapie

Gereizte Menschen gnug ich find.
Doch wo sind die, die reizend sind?

Sonnenbrand

Auch in der Sonne höchster Gnaden
Lernt, Freunde, richtig sonnenbaden!

Sonderbar

Am ärgsten fällt der Größenwahn
Oft grad die kleinen Leute an.

Schwacher Magen

Ein Jüngling, einen frohen Abend
Im Freundeskreis genossen habend,
Belügt sich, schon ins Bett gesunken,
Er habe gar nicht viel getrunken.
Doch schon erfaßt ihn wild und schnell
Das sogenannte Karussell.
Er bittet Gott in seiner Pein,
Nachsichtig noch einmal zu sein,
Und nun bekennt er, reueoffen:
»Jawohl, ich hab zuviel gesoffen.
Ich tu es nie mehr, werde brav –
Nur heute gönne mir den Schlaf!«
Nun, es kann sein, er kommt hinüber,
Doch meistens endet sowas trüber. –
Der Wein gilt zwar als Sorgenbrecher,
Doch oft ist halt der Magen schwächer.

Rezept

Die Vorsicht ist auch dann noch gut,
Wenn man was nicht aus Rücksicht tut.

Schnupfen

Beim Schnupfen ist die Frage bloß:
Wie kriege ich ihn – wieder los?
Verdächtig ists: die Medizin
Sucht tausend Mittel gegen ihn,
Womit sie zugibt, zwar umwunden,
Daß sie nicht eines hat gefunden.
Doch Duden sei als Arzt gepriesen,
Der Nießen milderte zu Niesen.
Der bisher beste Heilversuch
Besteht aus einem saubern Tuch,
Zu wechseln un-ununterbrochen
Im Lauf von etwa zwei, drei Wochen.
Zu atemschöpferischer Pause
Bleibt man am besten still zu Hause,
Statt, wie so häufig, ungebeten
Mit bei Konzerten zu trompeten.
Rezept: Es hilft nichts bei Katarrhen
Als dies: geduldig auszuharren.
Der Doktor beut hier wenig Schutz –
Im besten Fall nießt er nur Nutz.

Neuer Bazillus

Es fanden die Bazillen-Jäger
Den neuen Ärgernis-Erreger!
Derselbe kündet andern laut,
Wie trüb er in die Zukunft schaut
Und wie es demnächst auf der Erde
Bestimmt ganz scheußlich zugehn werde.
Die andern davon überzeugt,
Stehn kummervoll und tief gebeugt.
Doch der Bazill, persönlich heiter,
Wirkt, überaus befriedigt, weiter!

I.G.-Farben

Mit Recht nennt, wer es nimmt genau,
Der Heilkunst Vorzeit trüb und grau:
Es gab noch keine I.G.-Farben,
Die Menschen wurden krank und starben.
Sie sterben heute noch mitunter,
Doch erstens später, zweitens bunter!

Durchfall

Wenn einer viele Wochen lang
Den Prüfungsstoff hinunterschlang,
Der ihm, zumal er schlecht gekaut,
Jetzt liegt im Magen, unverdaut,
Nun plötzlich, ausgequetscht wie toll,
Durch Reden von sich geben soll:
Was Wunder, daß sein Hirn verstopft,
Das Herz ihm klopft, der Schweiß ihm tropft!
Zum Munde kommt ihm nichts heraus,
Doch irgendwo muß es hinaus –
Wild rast es in ihm eingeweidlich
Und Durchfall ist dann unvermeidlich!

Merkwürdig

Viel Weisheit braucht es meist, zu tragen
Den leeren, allzu leichten Magen.
Zu schleppen selbst den schwersten Bauch,
Genügt mitunter Dummheit auch.

Spritziges

Die Medizin wird mehr und mehr
Jetzt zur Gesundheitsfeuerwehr.
Hat irgendwo was weh getan –
Gleich rückt sie mit der Spritze an,
Seis um des Fiebers Glut zu dämpfen
Und rasch den Brandherd zu bekämpfen,
Seis, zu vermeiden Infektion:
Der Arzt macht eine Injektion.
Gut, daß der Mann da an der Spritze
Gelernt hat, wo das Übel sitze,
Denn träfe er die Krankheit nicht,
Er *löschte* leicht das Lebenslicht!

Vorbeugung

Daß es nicht komme erst zum Knaxe,
Erfand der Arzt die Prophylaxe.
Doch lieber beugt der Mensch, der Tor,
Sich vor der Krankheit, als ihr vor.

Blutdruck

Obzwar wir sonst es gar nicht schätzen,
Wenn andre uns heruntersetzen,
So sind wir doch dem Arzte gut,
Der solches mit dem Blutdruck tut.

Erkenntnis

Zwei Dinge trüben sich beim Kranken:
a) der Urin, b) die Gedanken.

Geschwülste

Für einen, der geschwollen tut,
Ist Kälte ganz besonders gut.

Unterschied

Müßt, was er liest, so mancher essen –
Ihm grauste wohl vor solchem Fressen!

Lebensangst

Oft hat man schrecklich Angst vorm Leben,
Doch mit der Zeit wird sich das geben!
Das Leben ist ein alter Brauch
Und andere Leute leben auch,
Obwohl sies eigentlich nicht können –
Rezept: Der bösen Welt nicht gönnen,
Daß sie verächtlich auf uns schaut!
Nur frisch der eignen Kraft vertraut!
Am Leben krankt nur, wer gescheit –
Gesunde Dummheit, die bringts weit!

Bäder

Wenn sie als Kind zu heiß uns baden,
So merkt man später wohl den Schaden.
Doch kann man auch mit kalten Duschen
Uns unsre Jugend arg verpfuschen.

Rekordsucht

Der Patient es gerne sieht,
Wenn für sein Geld auch was geschieht,
Und daß, gar wenns die Kasse zahlt,
Man oft ihn badet und bestrahlt,
Ihm Tränklein massenhaft verschreibt,
Ihm Salben in den Rücken reibt.
Ja, selbst wenn er vor Schmerzen winselt,
Will er den Hals gern ausgepinselt.
Er wird die Ärzte tüchtig preisen,
Die ihn dem Facharzt überweisen.
Sei es bewußt, seis unbewußt –
Das Wandern ist des Kranken Lust.
Erschöpfen würde er die Kraft,
Wenns ging, der ganzen Wissenschaft,
Nicht um gesund zu werden, nein –
Nur, um der kränkste Mensch zu sein.

Billiger Rat

Zum Doktor du nicht gehen brauchst
Solange du noch trinkst und rauchst.
Wozu sich lang verschreiben lassen,
Was man doch selbst weiß: Bleiben lassen!

Untersuchung

Der ärgste Schmerz uns manchmal tratzet,
Denn: »medico praesente tacet«.
Auf deutsch: Es hat uns bis zum Wahn
Noch eben etwas weh getan –
Doch fragt der Doktor: Wo? Wie? Wann?
Nichts Rechtes man ihm sagen kann.
Der Schmerz, er ist wie weggeblasen –
Um unverzüglich neu zu rasen
Mit deutlich feststellbarer Pein,
Kaum, daß wir wieder ganz allein.

Selbsterkenntnis

Beliebt ist stets der Patient,
Der seine Leiden selbst erkennt
Und nun den Doktor unterrichtet,
Zu welchen Mitteln er verpflichtet.
Tut der jedoch dergleichen *nicht*,
Nein, eigensinnig seine Pflicht,
Hat er sichs selber zuzuschreiben,
Wenn solche Kranke fern ihm bleiben
Und künftig nur zu Pfuschern gehn,
Die sie (und ihr Geschäft) verstehn.

Lob des Schmerzes

Es sagt der Arzt euch klar und klippe,
Daß längst Freund Hein mit seiner Hippe
Hätt manchen von uns weggemäht,
Käm er nicht meistens viel zu spät,
Indem der Mensch, vom *Schmerz* gewarnt,
Noch eh das Schicksal ihn umgarnt,
Sowohl die eigne Lebenskraft
Als auch den Mann der Wissenschaft
(Soferne er nicht ganz verblendet)
An die Gefahrenstelle sendet.
Tritt wirklich dann der Tod uns nah,
Sieht er, der Doktor ist schon da,
Der leicht ihm macht die Sense schartig –
Und er entfernt sich wieder, artig.

Störungen

Herzklopfen bessern Hoffmannstropfen.
Doch nichts hilft gegen Teppichklopfen.

Kranke Welt

Nicht nur du selber kannst erkranken,
Die Leidgewalt kennt keine Schranken.
Auch was du hieltst für rein mechanisch,
Erkrankt oft depressiv und manisch.
Oft schleicht die Straßenbahn bedrückt,
Ein Telefon schellt wie verrückt,
Fährst du grad bei dem Schutzmann vor,
Stirbt untern Händen dein Motor.
Befällt der Brechreiz das Geschirr,
Saust es hinunter mit Geklirr.
Schifahrern beispielsweis tuts weh,
Zu laufen auf dem kranken Schnee.
Und selbst das sichre Flugzeug schwankt,
Sobald der Luftweg wo erkrankt.
Kurzum, die Welt, wohin du schaust,
Ist so voll Krankheit, daß dir graust.

Das größere Übel

Es sei der Mensch (in seinem Wahn)
Zu allem fähig, nimmt man an.
Doch was viel tiefer an uns frißt:
Daß er zu gar nichts fähig ist.

Marktschreiereien

Gern lassen wir uns durch Broschüren
Ins Wunderreich der Krankheit führen
Und holen uns aus bunten Heften
Die Kenntnis von geheimen Kräften.
Beschlossen liegt der Stein der Weisen
In Büchern, nicht genug zu preisen.
Hört! – Und ihr werdet nicht mehr säumen:
Wie deut ich Zukunft aus den Träumen?
Wie bleib ich trotz zwölf Halben nüchtern?
In einer Stunde nicht mehr schüchtern …
Vorm anderen Geschlecht nicht schaudern!
Sie lernen unbefangen plaudern!
Befreiung von nervösem Kichern,
Die Kunst, sich den Erfolg zu sichern.
Nicht unbeholfen mehr beim Tanzen!
Die Radikalkur gegen Wanzen.
Wie fühle ich mich neugeboren?
Sie brauchen nicht mehr Nase bohren.
Wie kann Millionen ich erlottern?
Das sichre Mittel gegen Stottern.
Nichtraucher werden in drei Tagen.
Antworten auf diskrete Fragen. –
Drum macht nur schleunig den Versuch
Und kauft ein solches Wunderbuch!
Ein einziges Rezept daraus
Zahlt hundertfach die Kosten aus!

Dreckapotheke

Nimm Schadenfreude, völlig rein,
Vom Schweinehunde lös das Schwein,
Dann kommst du völlig auf den Hund;
Von diesem nimm ein Achtel Pfund,
Jedoch misch auch vom Schweinegrunzen
In deinen Heiltrunk sieben Unzen,
Vom Krokodil erpresse Tränen,
Misch sie mit ungelöschtem Sehnen,
Vergiß nicht etwas von der Spucke,
Mit der Geduld sich fängt die Mucke.
Nimm auch des Fuchses saure Traube,
Ein Lot vom Pyramidenstaube,
Vom Dreck, mit dem man dich bewarf,
Ein Quentchen nur, sonst wirds zu scharf.
Drei Skrupel von der Dummheit bloß,
Denn sie allein wär grenzenlos;
Den Angstschweiß eines Doktoranden
Meng mit dem Mief von alten Tanten.
Von Hexenkraut und Bibergeil
Und Rattenschwanz nimm je ein Teil –
Dann hast du aus dem Kern der Welt
Den besten Theriak hergestellt.
Wer sich denselben einverleibt,
Jenseits von Gut und Böse bleibt.

Hausapotheke

Krank ist im Haus fast immer wer –
Mitunter muß der Doktor her.
Der Doktor geht dann wieder fort,
Die Medizinen bleiben dort
Und werden, daß den Arzt man spare,
Nun aufgehoben viele Jahre.
Unordnung ist ein böses Laster:
In einem Wust von Mull und Pflaster,
Von Thermometern, Watte, Binden
Liegt, oft nur schwer herauszufinden,
Inmitten all der Tüten, Röhren,
Die eigentlich nicht hergehören,
Das, wie wir hoffen, richtige Mittel
Mit leider höchst verzwicktem Titel:
Was von den … in und … an und … ol
Tät unserem Wehweh wohl wohl?
Nur Mut! Was etwa gegen Husten
Im vorigen Jahr wir nehmen mußten,
Wir schluckens heut bei Druck im Bauch –
Und – welch ein Wunder! – da hilfts auch!
Wenn überhaupt nur was geschieht,
Daß uns der Schmerz nicht wehrlos sieht –
Er wird nicht alles sich erlauben,
Stößt er auf unsern festen Glauben!
Von dem bewahrt euch drum ein Restchen
In eurem Apothekerkästchen!

Teele-pathie

Fand einer Heilung rasch, der krank war,
Ist er natürlich riesig dankbar.
Er schreibt der Firma ganz freiwillig,
Die Tee versendet, gut und billig.
Dankschreiben finden in der Zeitung
Mit Recht in Wort und Bild Verbreitung.
Da sehn wir eine Frau aus Sachsen
Seit siebzehn Jahren darmverwachsen,
Wie blickt sie uns jetzt rüstig an:
Der Tee, der hat ihr gutgetan.
Des weitern schreibt ein Herr aus Danzig,
Dort wohnhaft Schillerstraße zwanzig,
Daß er sich wieder glänzend fühlt:
Der Spulwurm ist hinweggespült.
Ein Mann, dem Kalk in ganzen Quadern
Gebröckelt schon in seinen Adern,
Schreibt, daß sein Blut jetzt dünner rönne
Und daß er wieder schlafen könne.
Durchs Leben jeder gerne wandelt,
Mit Tee ganz schmerzlos fernbehandelt.

Warzen

Die Warze widersteht mit Kraft
Selbst allerhöchster Wissenschaft.
Doch eine Schnecke, eine schwarze,
Heilt, aufgelegt, dir jede Warze,
Auch Schlüsselblumen, Rettichscheiben,
Sie können das Gewächs vertreiben.
Hilft dies auch nicht, verzage nie:
Noch bleibt dir ja die Sympathie!
Ein Mittel von besondrer Güte
Ist eine sandgefüllte Tüte,
Die du so hinlegst, daß sie sieht,
Wer demnächst diese Straße zieht,
Sag: »Rechter Mann und linker Mann,
Ich häng dir meine Warzen an!«
Schon hemmt ein Wandrer seinen Lauf
Und hebt die volle Tüte auf.
Und eh er merkt, daß es nur Sand,
Klebt ihm die Warze an der Hand.
Die Neugier rächt sich an ihm schmerzlich –
Du bist von Stund an nicht mehr wärzlich.

Altes Volksmittel

Wer Gelbsucht hat, der heilt sie bald:
Er gehe in den nächsten Wald
Und schau (und glaube fest daran!)
Durchdringend einen Grünspecht an.
Nur reden darf er keine Silben!
Der Grünspecht wird sofort vergilben.
Der Kranke aber, kerngesund,
(Sofern er diesen Vogel fund,
Der ihm gegangen auf den Leim)
Geht mir nichts, dir nichts, wieder heim.

Entdeckungen

Seit alters schon wird unentwegt
Auf Wunden heilend Kraut gelegt.
Jedoch die reine Wissenschaft
Glaubt nicht an solche Wunderkraft,
Eh sie erprobt ihr Medizinchen
Exakt an Mäusen und Kaninchen.
Dann wird, was längst schon kräuterweiblich,
Auf einmal wichtig unbeschreiblich
Und durch die Welt gehts mit Gebrüll:
Heilkraft entdeckt im Chlorophyll!

Mitleid

Das Mitleid kann, selbst echt und rein,
Mitunter falsch am Platze sein.
Mit Takt gilt es zu unterscheiden,
Was jeweils heilsam für ein Leiden,
Ob Händedruck, aufmunternd, stark,
Ob in die Hand gedrückt zehn Mark.

Gesundlesen

Man kennt die Heilkraft warmer Tücher:
Genauso helfen warme Bücher!
Wer wäre nicht schon krank gewesen
Und hätt sich nicht gesund gelesen?
Denn Goethe, Keller oder Stifter
Sind wahre Tröster und Entgifter.

Vorurteil

Auch Medizin kann uns nicht frommen,
Voreingenommen eingenommen.

Schönheit

Die Welt, du weißts, beurteilt dich,
Schnöd wie sie ist, nur äußerlich.
Drum, weil sie nicht aufs Innere schaut,
Pfleg du auch deine heile Haut,
Daß Wohlgefallen du erregst,
Wo du sie auch zu Markte trägst.
Die Zeitung zeigt dir leicht die Wege
Durch angepriesene Schönheitspflege.
Durch Wässer besser als mit Messer
Hilft dir ein USA-Professer,
Und ein Versandgeschäft im Harze
Hat Mittel gegen Grind und Warze
Und bietet dir für ein paar Nickel
Die beste Salbe gegen Pickel.
Sie macht die Haut besonders zart,
Ist gut auch gegen Damenbart,
Und ist, verändert kaum im Titel,
Auch ein erprobtes Haarwuchsmittel,
Soll gegen rote Hände taugen
Und glanzbefeuern deine Augen
Und wird verwendet ohne Schaden
Bei Kropf und bei zu dicken Waden –
Ist aber andrerseits bereit,
Zu helfen gegen Magerkeit
Und ist, auf Ehre, fest entschlossen,
Zu bleichen deine Sommersprossen.
Sie wird sich weiterhin entpuppen
Als Mittel gegen Flechten, Schuppen,

Ist, was besonders angenehm
Für Frauen, gut als Büstencrem
Verwendbar, und zwar, wie man wolle,
Für schwache Brust und übervolle.
Sofern du Glauben schenkst dem Frechen,
Hast nichts zu tun du, als zu blechen.
Die Salbe selbst wird, nachgenommen,
Und wohntest du am Nordpol, kommen.

Köpfliches

Der Kopf muß wohl das Beste leisten –
Ihn gut zu schützen, gilts am meisten:
Den Eisenkopf vor frühem Rost,
Den Wasserkopf vor starkem Frost,
Den Feuerkopf vor großer Hitze,
Den Schlaukopf vor dem eignen Witze.
Der Dummkopf nur, der keinem nützt,
Gedeiht auch völlig ungeschützt.

Kurmittel

Verdienst du dir, gar auf die Dauer,
Dein bißchen täglich Brot zu sauer,
Stört bald der Säure-Überschuß
Dir deines Lebens Vollgenuß.
Gar viele Heilung schon erfuhren
Durch sogenannten Sine-Kuren.
Doch die sind meist – so ist das Leben –
An andre Leute schon vergeben.

Lehmkur

Die *Lehmkur* hat schon viel erreicht,
Doch auch *verpatzt* wird manches leicht.

Knoblauch

Zu rüstigem Alter führt der Lauch.
Bleibt treu ihm – bis zum letzten Hauch.

Heilschlaf

Die meisten Menschen harren still,
Was wohl das Leben weiter will.
Nur, wer nicht willens, abzuwarten,
Erwägt verschiedne Todesarten:
Doch laß er raten sich in Güte,
Daß er vor raschem Schritt sich hüte!
Zum Sterben braucht der Mensch nur wenig,
Zum Beispiel kaum ein Gramm Arsenik.
Jedoch, wenn dann der Grund nicht triftig,
Blieb das Arsenik trotzdem giftig.
Was nützt es, wenn er meint, ihn reuts,
Und hängt dann schon am Fensterkreuz?
Was, wenn er anders sich entschlossen
Und liegt schon da und ist erschossen?
Was, wenn er mitten im Ertrinken
Doch plötzlich säh noch Hoffnung winken?
Was, wenn er unterwegs zur Tiefe,
Den raschen Vorsatz widerriefe?
Rezept: Hat wer dergleichen vor,
Leg er sich nochmals erst aufs Ohr:
Es braucht nicht jeder Menschenkummer
Zur Heilung gleich den *ewigen* Schlummer.

Wasserheilkunde

Soll eine Pflanze richtig sprießen,
Dann muß man sie bekanntlich gießen.
Dies brachte Kneipp schon zu dem Schluß:
Die wahre Heilkraft liegt im Guß.
Ihn preist die Welt – und nur der Pudel
Nennt unser Lob bloß ein Gehudel,
Weil ihn schon immer sehr verdrossen
Laut Volksmund, wenn man ihn begossen.
Doch nie hält auf das arme Vieh
Den Sieg der Hydrotherapie!

Essigsaure Tonerde

Du denkst, wenn dich die Wespe sticht,
Die schlechtsten Früchte sind es nicht.
Vergebens wirst im ersten Schrecken
Du wider diesen Stachel lecken.
Jedoch die Erde, feucht und kühl,
Verringert bald dein Schmerzgefühl.
Und bist du ein besonders Schlauer,
Nimmst du die Erde essigsauer.
Doch bebst du lang noch gleich der Espe
Beim bloßen Blick auf eine Wespe.

Atemgymnastik

Im Grunde glaubt zwar jedermann
Dies, daß er richtig atmen kann.
Jedoch, das geht nicht so bequem:
Gleich bringt ein Mensch uns sein System!
Erklärt, daß unsrer Atemseele
Der gottgewollte Rhythmus fehle,
Auch hätten wir, so sagt er kühl,
Noch keinen Dunst von Raumgefühl
Und wüßten unsre Atemstützen
In keiner Weise auszunützen.
Er lockert uns und festigt uns,
Kurzum, der Mensch belästigt uns
Mit dem System, dem überschlauen,
Bis wir uns nicht mehr schnaufen trauen.

Vergebliche Mühe

Dem Kinde, wie's auch heult und stöhnt,
Wird wohl die Flasche abgewöhnt.
Jedoch das ewige Kind im Mann
Gewöhnt sie sich dann wieder an.

Äußerer Eindruck

Willst du als Kranker Eindruck schinden,
Mußt du dir schon den Kopf einbinden.
Du kannst nur rechnen auf Erbarmen
Mit kompliziert gebrochnen Armen.
Jedoch mußt du bei Magenkrämpfen
Schon ziemlich zäh um Mitleid kämpfen.
Und gar bei Rheuma oder Gicht
Verabreicht mans grundsätzlich nicht.
Bei Seelenleiden noch so groß,
Ist deine Mühe aussichtslos,
Es müßte denn grad Tobsucht sein:
Die glaubt man dir – und sperrt dich ein!

Unterschied

Bekanntlich kommt das Kind im Weib
Durch das Gebären aus dem Leib.
Da aber sich das Kind im Mann
Nicht solcherart entfernen kann,
Ist es begreiflich, daß es bleibt
Und ewig in ihm lebt und leibt.

Gegen Aufregung

Wen Briefe ärgern, die er kriegt,
Dem sei, auf daß sein Zorn verfliegt,
Genannt ein Mittel, höchst probat,
Das manchem schon geholfen hat.
Er suche sich aus alten Akten
Die schon erledigt-weggepackten
Droh-, Schmäh-, Mahn-, Haß- und Liebesbriefe,
Die schliefen in Vergessenstiefe:
Beschwichtigt alles und berichtigt,
Entzichtigt, nichtig und entwichtigt!
So wird die Zeit mit dem bald fertig,
Was gegen-, vielmehr widerwärtig.
Ad acta wirst auch du gelegt
Samt allem, was dich aufgeregt.

Atemnöte

Kaum hat sie einen Schnaufer 'tan,
Hält neu die Welt den Atem an.

Behandlung

Oft weiß zum Beispiel deine Frau
Bei Magenbluten ganz genau,
Was sie zu tun hat, was zu lassen,
Um richtig auf dich aufzupassen –
Um dir dann doch bei Seelenbluten
Das Wunderlichste zuzumuten.

Ein Gleichnis

Die Frau, das weiß ein jeder, sei
Behandelt wie ein rohes Ei!
Sie ist ihr eignes Gleichnis so:
Empfindlich, aber selber – roh.

Das beste Alter

Das beste Alter für den Mann:
Wo er schon weiß, wo er noch kann!

Ein Versuch

So jemand leidet bittre Pein,
So flusse er sich selbst beein,
Versuche, wie uns Weise lehren,
Durch Willen Zahnweh abzuwehren.
Ob Wille siege oder Zahn,
Kommt mehr wohl auf den letztern an.

Heilmittel

Der Weise, tief bekümmert, spricht:
An guten Mitteln fehlt es nicht,
Zu brechen jeden Leids Gewalt –
Nur – kennen müßte man sie halt!

Kosmetik

Die allerwichtigsten Haare fast
Sind, die du auf den Zähnen hast.
Zu suchen wären neue Wege
Zu kühn verschmolzner Haarzahnpflege.

Besuche

Liegst du in deinem Krankenzimmer,
Dann freun Besuche dich fast immer.
Du harrst von Stund zu Stunde still,
Ob einer zu dir kommen will:
Just, wenn des Hemdes du ermangelst,
Nach der bewußten Flasche angelst,
In heißen Fieberträumen flatterst,
In einem kalten Wickel schnatterst,
Das Thermometer stumm bebrütest,
In jähem Schmerzensanfall wütest –
Dann, für Minuten unerbeten,
Wird einer in dein Zimmer treten
Und gleich, errötend, wieder gehen
Ganz leise, taktvoll auf den Zehen …
Ein andermal an deinem Lager
Stehn grade Bruder, Schwester, Schwager:
Nach leeren Wochen plötzlich drei –
Als vierter kommt der Freund vorbei.
Er kündet jedem, der erbötig:
»Besuche hat der gar nicht nötig!«
Und wieder liegst, in dumpfer Pein,
Du lange Tage ganz allein …

Untauglicher Versuch

Ist wer von Wesensart bescheiden,
Muß er verzichten, dulden, leiden;
Indes er sieht, daß es die Flegel
Zu etwas bringen in der Regel.
Nun, er besinnt sich seiner Kraft
Und gibt sich einmal flegelhaft.
Doch das war falsch: Die Höflichkeit
Kann einer lernen mit der Zeit;
Doch sonst bleibt alle Müh verloren –
Der *echte* Flegel wird geboren!

Herzenswunden

Die Medizin hat längst gefunden:
Rein halten gilts bei allen Wunden.
Gern sieht ein braver Mensch das ein
Und hält sein Herz drum möglichst rein.
Er hat dazu auch allen Grund:
Ein gutes Herz ist immer wund!

Weltanschauung

Wie kräftig fühlen sich die Heiden,
Die nicht an Gallensteinen leiden.
Doch diese wie auch Milzbeschwerden
Sind leicht ein Grund zum Christlichwerden.
So führt oft nichts als Säftestauung
Zur Änderung der Weltanschauung.

Antike Weisheit

Im Altertum schon steht geschrieben,
Daß jung stirbt, wen die Götter lieben –
Womit sie nicht gleich jeden hassen,
Den sie noch länger leben lassen.

Letztes Mittel

Der, dem die Zeugungskraft erschlafft,
Versuchts mit Überzeugungskraft.

Föhn

Uns quält, wer weiß warum und wie,
Oft plötzliche Melancholie.
Es hat uns niemand was getan,
Doch wehts wie Wind uns traurig an:
So eine Art von Seelenföhn –
Dabei scheints wolkenlos und schön.
Und doch, wir haben ihn gespürt,
Den Dämon, der sich heimlich rührt.

Aberglauben

Ein Mindestmaß an Aberglauben
Ist medizinisch zu erlauben
Und nicht ganz auszurotten, denn:
Wer *aber* glaubt, der glaubt auch *wenn.*

Rat

Schau in die Welt so vielgestaltig,
Sorgfältig, doch nicht sorgenfaltig!

Einfache Diagnose

Willst wissen du, was einer ist,
Ob Opti- oder Pessimist,
So sag zu ihm, daß trüber Mut
Doch besser sei als Übermut.
Er lehne ab, er pflichte bei –
Du hast erfahren, was er sei.

Antiskepsis

Wenn man den Zweifel nicht kuriert,
Gar leicht daraus Verzweiflung wird.

Neues Leiden

Kopfschüttelfrost stellt leicht sich ein,
Sagst du zu allem eiskalt »Nein!«

Lebenslauf

Die letzte Kinderkrankheit wich:
Die Altersleiden melden sich!

Entwicklungen

Verschieden ist der Menschen Art:
Die einen, in der Jugend zart,
Sind oft im Laufe weniger Jahre
Schon zähe, morsche Exemplare.
Doch andre, ungenießbar jung,
Gewinnen durch die Lagerung
Und werden in des Lebens Kelter,
Wie Wein, je feuriger, je älter.

Vitamin

Ein Vitamin ist das Gemüt,
Das schwindet, wenn es abgebrüht.
Solls kräftig bleiben, lebensfroh,
Laß mans getrost ein bißchen roh.

Warnung

Daß von der Welt Besitz er nehme,
Erfand der Teufel das Bequeme.

Fortschritt

Wir hören gern, daß es bei Früchten,
Gelang, sie ohne Kern zu züchten.
Denn ihre Ernten sind ergiebig,
Verwenden kann man sie beliebig.
Der Fortschritt, lange schon ersehnt,
Wird immer weiter ausgedehnt:
Gelangs doch schon, nach sichern Quellen,
Auch Menschen kernlos herzustellen.

Gift und Galle

Es muß den Ärger allen meiden
Wer etwa neigt zu Gallenleiden:
Ein Rat so gut wie Medizin!
Doch – meidet auch der Ärger ihn?

Harmverhaltung

Der Harm stört, täglich ausgeschieden,
Nicht allzusehr den Seelenfrieden.
Gelingt es nicht mehr, ihn zu triften,
Kann man sich schauerlich vergiften.

Behandlung

Wenn eine Krankheit selbst beherzten
Und klugen Feld-, Wald-, Wiesenärzten
Sich nicht ergibt, dann ist es rätlich,
Man komme ihr kapazi-tätlich.
Bleibt sie selbst dann, trotz hoher Kosten,
Noch unerschüttert auf dem Posten,
So läßt sichs leider nicht vertuschen:
Jetzt wird es Zeit, um Kur zu pfuschen.
Doch pfeift auch da die Krankheit drauf,
Dann lasse man ihr freien Lauf.
Vielleicht, sie geht, sobald sie sieht,
Daß gar nichts mehr für sie geschieht.

Eiweiß

Vom Eiweiß liest man mancherlei,
So, daß es manchmal schädlich sei.
Jedoch vom Dotter keine Spur
In medizinscher Litratur!
Drum frei heraus und ohne Stottern
Sag ich: das Heil liegt in den Dottern.

Pfundiges

Die Bibel rät, die weisheitsvolle,
Daß mit dem Pfund man wuchern solle.
Kann sein. Doch weh, wenn ohne Grund
Ins Wuchern kommt von selbst das Pfund,
Seis, daß an Mädchen jung und nett,
Es ansetzt unerwünschtes Fett,
Seis, daß der Leib von braven Rentnern
Hinauf sich wuchert zu drei Zentnern.
Dies muß zum Widerspruche reizen:
Der Mensch soll mit dem Pfunde geizen!

Fingerspitzengefühl

Gefühl kann ganz verschieden sitzen:
Der hat es in den Fingerspitzen,
Bei jenem aber ists verzogen
Hinauf bis an die Ellenbogen.
Es ist zwar dann nicht mehr ganz fein,
Doch soll es sehr von Vorteil sein.

Roh-Köstliches

Die Rohkost macht durchaus nicht roh,
Sie macht uns frisch und frei und froh,
Nicht grade fromm, doch ziemlich frömmlich,
Und sie ist ungemein bekömmlich.
Vereint mit Kulten, rein und östlich,
Macht sie das Seelenleben köstlich,
Nur oft ein bißchen flügellahm,
Zwar dulderisch, doch unduldsam
Teils gegen männlich frohe Taten,
Teils gegen Schweins- und Kälberbraten.

Letzte Möglichkeit

Wen nichts zu rühren sonst vermag,
Den rührt vielleicht einmal der Schlag.

Für Notfälle

Das Fluchen ist an sich nicht schicklich –
Doch manchmal hilft es, augenblicklich.

Einsicht

Gar manchem Süßes nicht mehr schmeckt,
Ders, als er jung war, gern geschleckt.
Anstatt nun ohne Neid zu sagen.
»Ich, leider, kanns nicht mehr vertragen«,
Gibt er die weise Meinung kund,
Das süße Zeug sei ungesund.
Rezept: Auch was wir nicht mehr können,
Das sollten wir der Jugend gönnen.

Dummheit

Dummheit ist chronisch meist, latent,
So daß man sie oft kaum erkennt.
Nur manchmal wird sie so akut,
Daß man den reinsten Blödsinn tut,
Jedweglichen Verstand verlierend:
Dann ist die Dummheit galoppierend.

Ernährung

Sofern du auf- und abgeklärt,
Hast du, rein seelisch, dich bewährt.
Jedoch die seelische Bewährung
Hilft meistens wenig zur Ernährung.
Im Gegenteil, die tausend Listen,
Durch die wir unser Dasein fristen,
Verlangen, daß man seine Seele
Der Welt, so gut es geht, verhehle;
Denn, da der Seelenvorrat knapp,
Kauft leicht die Welt dir deine ab.
Rezept: Benutze deine Hand
Und, wenn es nottut, den Verstand,
Um was zum *Leben* zu erwerben.
Die Seele brauchst du noch zum Sterben.

Unterernährung

Wenn eine Hungersnot sich naht,
Ist Vorrat wohl der beste Rat.

Gegen Schwierigkeit

Wir kennen Dichter oder Maler
Und andre solche Seelenprahler,
Die auf den eitlen Ruhm begierig,
Sie seien ungeheuer schwierig,
Und alle Kunst- und Menschheitsflüche
Beschwerten ihre arme Psyche.
Rezept: Des Künstlers Nöte merke
Man nicht am Reden, nur am Werke;
Und hier auch zeig die dunklen Stunden
Er uns am besten – überwunden!

Neueres Leiden

Wir alle lasen in der Bibel
– als von dem ersten Menschenübel –
Vom Schweiße unsres Angesichts.
Vom Fußschweiß aber steht dort nichts.

Empfindlichkeit

Leicht überwinden wir den Schmerz,
Trifft er das leidgewohnte Herz.
Mühselger schon ists zu ertragen,
Wenn etwas schwer uns liegt im Magen.
Am schlimmsten – etwa Geld verlieren! –
Das geht empfindlich an die Nieren.

Holde Täuschung

Bei Nikotin und Alkohol
Fühlt sich der Mensch besonders wohl.
Und doch, es macht ihn nichts so hin,
Wie Alkohol und Nikotin.

Punktion

Was man auch redet, schreibt und funkt:
Unheilbar bleibt der wunde Punkt.

Wunderbalsam

An erster Stelle zu erwähnen
Als Wunderbalsam sind die Tränen.
Sie lösen, sparsam selbst geweint,
Das eigne Herz, schon ganz versteint.
Jedoch mit Vorsicht zu genießen
Sind die, die andere vergießen.

Vorsicht

Durch ständiges Radiogelausche
Verfällt der Mensch dem Äther-Rausche.

Gefährliche Sache

Ein Ferngespräch reißt manchmal Wunden.
Oft wird man auch noch falsch verbunden.

Unterschied

Das Kopfzerbrechen bleibt Versuch –
Ernst wird es erst beim Schädelbruch.

Offene Füße

Obgleich sie stets nur wohlgetan,
Trifft selten offne Hände man.
Doch offne Füße, wie ich seh,
Sind ziemlich häufig und tun weh.

Guter Zweck

Man sagt auch sonst bei jedem Dreck,
Die Mittel heilige der Zweck.
Drum Freunde, laßt mir das Gekrittel:
Zweck heiligt auch die Abführmittel.

Traurige Wahrheit

Oft geht uns was durch Mark und Knochen,
Das Rückgrat selbst wird uns gebrochen.
So was trifft andre nicht so schwer:
Sie haben längst kein Rückgrat mehr.

Relativität

Wer Hunger spürt, der ißt sich satt,
Vorausgesetzt, daß er was hat.
Wer Liebe fühlt, zeigt sich als Mann,
Vorausgesetzt, daß er das kann.
Wer Wahrheit liebt, der urteilt scharf,
Vorausgesetzt, daß er das darf.
Wer Ruhe sucht, verhält sich still,
Vorausgesetzt, daß er das will.
Wer Geld möcht, schuftet mit Verdruß,
Vorausgesetzt, daß er das muß.
Wer sterben soll, stirbt wie ein Christ,
Vorausgesetzt, daß er das ist.
Kurz, was uns auf der Welt gelingt,
Ist leider ungemein bedingt.

Jugend

Die Jugend neigt in schlimmen Zeiten
Oft stark zu Pubertätlichkeiten.

Schlaf

Es, sagt man, sei ein gut Gewissen
Das sanfteste der Ruhekissen;
Doch finden wir, daß ein Gerechter
Mitunter schläft bedeutend schlechter
Als einer, der von Grund auf bös:
Das macht, der Gute ist nervös!
Es stellt sich leider bald heraus:
Er schläft nicht richtig ein und aus.
Fremd sind ihm, in der Morgenkühle,
Die baumausreißrischen Gefühle,
Wo einer aufwacht, ganz entrostet,
Und fragt, was heut die Welt wohl kostet.
Die Welt ist viel zu teuer, drum
Dreht er sich lieber nochmals um,
Und wenn er aufsteht, tut ers nur
In Hinblick, schließlich, auf die Uhr.

Jugend und Alter

Da liegt ein tiefer Schmerz darin:
Die Jugend wußte nicht, wohin
Mit all dem, wovon mehr und mehr
Das Alter wüßte gern, woher …

Windiges

Ach, welcher unverdienten Schmähung
Ist ausgesetzt die arme Blähung!
Da sie, zwar schuldlos, sich nicht schickt,
Lebt sie in tragischstem Konflikt
Und zweifelnd zwischen Tun und Lassen
Hat sie sich heimlich anzupassen
In einem Kampf, der voller Pein
Dem, der gern kinder-stubenrein.
Wie glücklich doch der Grobe prahlt:
»Heraus, was keinen Zins bezahlt!«
Der Feine hat sich abzufinden,
Er muß die Winde über-winden!

Verstopfung

Man kann mit ethischen Entschlüssen
Zum Dürfen wandeln sonst das Müssen.
Nur die Verstopfung schafft Verdruß:
Man darf: – Was hilfts, wenn man nicht muß?

Bedrängnis

Oft hat – ich hoffe nur, es führe,
Daß ich den heiklen Punkt berühre,
Nicht mit den Lesern zum Zerwürfnis –
Ein Mensch ein menschliches Bedürfnis.
Anstalten trifft man oft nicht an,
Woselbst man solche treffen kann.
Drum ist es gut, wenn unverweilt
Der so Bedrängte heimwärts eilt.
Auch achte er, indes er rennt,
Zu treffen keinen, der ihn kennt
Und ihn, der nichts will als verschwinden,
Ausführlich fragt nach dem Befinden.
Er sei in solchem Fall zwar höflich,
Doch *kurz* – sonst endets katasträphlich.

Selbsttäuschung

Wir alle wären gern gesund
Und, selbstverständlich, kerngesund!
Noch einmal so, wie wir vor Jahren –
Bei näherm Zusehn gar nicht waren!

Diät

Gern hört man, abends eingeladen,
Daß gute Dinge uns nicht schaden.
So will der Hausherr, dieser Schurke,
Uns überzeugen, daß die Gurke,
Wie *er* sie anmacht, leicht verdaulich,
Die Hausfrau teilt uns mit, vertraulich,
Wie sie an Magensäure litte;
Sie wolle uns nicht drängen, bitte,
Das sei gewiß nicht ihre Art –
Doch diese Tunke sei soo zart …
Auch wird uns dringend angeraten
Der fast nicht fette Schweinebraten.
Der Weißwein kann, im allgemeinen
Seis zugegeben, schädlich scheinen.
Doch dieser, ein gepflegter Franke,
Sei grade gut für Magenkranke.
Der also überzeugte Gast
Hat es auch gut vertragen – *fast!*

Mißgeburt

Sehr lang lebt oft – und frißt sich satt!
Was weder Hand noch Füße hat …

Verätzung

Gar häufig gibt es Schwerverletzte
Durch allzuscharfe Vorgesetzte.
Wir müssen ohne Wimperzucken
Die Lauge ihrer Launen schlucken.
Und das verätzt uns, auf die Dauer.
Rezept: Man reagiere sauer –
Doch nicht zu laut und nicht zu plötzlich,
Nein, nur ganz leise und er-götzlich.

Erfahrung

Den Jahreswechsel kaum man spürt,
Bis er zu Wechseljahren führt.

Unterschied

Der Aussatz wütete einst schwer.
Den Einsatz fürchten heut wir mehr …

Gehversuche

Weil man als Kind das Gehn gelernt,
Meint man, man kann es. Weit entfernt!
Wie schwer, zu gehn zur rechten Zeit!
Wie oft geht einer auch zu weit!
Wie selten Leute, die's verstehn,
Uns auf die Nerven *nicht* zu gehn!
Wie mancher zeigt sich völlig blind
Bei Schritten, die entscheidend sind!
Nicht allen ist es wohl gegeben,
Aufrecht zu gehen durch das Leben.
Ja, wenn man nur, nach Schuld und Sünde,
In sich zu gehen gut verstünde,
Hingegen dort, wo es vonnöten,
Beherzt aus sich herauszutreten.
Es schreiten viele gleich zur Tat,
Statt erst mit sich zu gehn zu Rat.
Natürlich geht da mancher ein. –
Wer mit der Zeit gehn kann, hats fein.
Hingegen muß man jene hassen,
Die einfach alles gehen lassen.

Urteil der Welt

Ein Fieberkranker hat voll Kraft
Sich aufgerafft und hats geschafft:
Er ging, trotz bösem Fieberrest,
Höchst lebenslustig auf ein Fest
Und tanzte dort und trank sich frei –
Am andern Morgen wars vorbei.
Er galt von nun an aller Welt
Als ausgemachter Willensheld!
Mit Fieber von dem gleichen Grade,
Auch überzeugt, daß es nichts schade,
Durch innres Schweinehund-Bekämpfen
Des Fiebers letzte Glut zu dämpfen,
Ging, gradso zuversichtlich-heiter
Auf dieses selbe Fest ein zweiter.
Doch hatte dieser wenig Glück:
Am andern Morgen fiel er rück.
Er galt der Welt nun (wenn auch tot)
Als ausgemachter Idiot!
Bei allem, selbst bei Fieberleiden,
Wird stets nur der Erfolg entscheiden.

Gehabte Schmerzen

Vier sitzen kreuzvergnügt beim Tee –
Dem fünften tut ein Stockzahn weh
Und er erlaubt sich ganz bescheiden,
Zu reden von dem bösen Leiden.
Doch öffnet er noch kaum die Lippe,
Spricht schon der erste von der Grippe,
Die jüngst ihn schauerlich gequält.
Der zweite von der Gicht erzählt,
An der ganz grausam er gelitten –
Was wiedrum Anlaß gibt dem dritten,
Gleich klar zu schildern seinerseits
Den – längst vergangnen – Nierenreiz.
Der vierte überspielt sie alle;
Er spricht von seinem seltnen Falle:
Als Kind – 's ist vierzig Jahre her –
Erkrankte er an Typhus schwer …
So drücken an die Wand sie glatt
Den, der die Schmerzen wirklich hat,
Um am Bewußtsein sich zu laben,
Noch ärgere gehabt zu haben.

Entwicklungskrankheiten

Die Frau, solang sie unvermählt,
Tut, was ihr gut steht – auch wenns quält.
Sie drängt das überflüssige Fett
Ganz unbarmherzig ins Korsett.
Halbblind, trägt sie doch niemals Brillen,
Ihr Bildungsdurst ist nicht zu stillen.
Sie zeigt sich sportlich oder fraulich
Just, wies dem Männchen scheint erbaulich.
Im Haushalt ist sie riesig tüchtig
Und sie ist gar nicht eifersüchtig.
Sie schwärmt dem Mann vor, wie sie künftig
Recht lieb sein wolle und vernünftig.
Jedoch, kaum ist vermählt sie glücklich,
Zeigt sie sich plötzlich rückentwicklich
Und ist, nach einem halben Jahr,
Schon wieder, wie sie immer war:
Halbblind, sieht sie bebrillt jetzt scharf,
Was *sie* will und was *er* nicht darf.
Von Bildung fällt nicht mehr ein Wort,
Dahin sind Tüchtigkeit und Sport.
Die Träne quillt, es schwillt das Fett:
Sie ist in keinster Weise nett.
Rezept: Der Jüngling darauf sehe,
Daß er erfahre *vor* der Ehe,
Was *in* der Ehe sie verrät
Zwar früh genug – und doch zu spät.

Geteiltes Leid

Ein Leiden ist schon halb geheilt,
Hat man es andern mitgeteilt:
»Und dieses Drücken, links im Bauch?« –
Der andere jubelt: »Hab ich auch!«
»Und oft im Kreuze so ein Stich?«
»Genau wie ich, genau wie ich!«
Wir sprechen bildlich: die zwei Därme
Gerührt sich fallen in die Ärme.
Im Fasching selbst und in Kostümen
Die Menschen sich der Leiden rühmen
Und steigern sich zu Ballgesprächen,
Daß sie sich manchmal stark erbrächen.
So leidgeteilt und lustgedoppelt
Hat sich schon manches Paar verkoppelt
Zu einer Ehe gut und still –
Denn Amors Pfeil trifft, wo er will.

Das Leben

Das Leben wäre doppelt schwer,
Käms einfach nicht von selbst daher.
Eh wir recht ahnen, was es sei,
Geht es zum Glück auch selbst vorbei …

Trübsinn

Es gibt so Tage, wo die Welt
Dir, ohne Anlaß, arg mißfällt.
Selbst über Goethe oder Schiller
Denkst du an solchen Tagen stiller.
Auch schaust du einen Tizian
Ganz ohne innere Rührung an
Und meinst, bei einem Satz von Bach:
»Im Grunde einfallslos und schwach!«
Kurz, nicht in Worten, Bildern, Tönen
Spricht zu dir dann die Welt des Schönen.
»Dies«, fragst du – und du siehsts nicht ein –
»Soll höchste Kunst der Menschheit sein?
Dies jene vielgerühmte Grenze,
An der Unsterblichkeit erglänze?«
Wir hoffen nur, dein wahnsinnstrüber
Unkunstsinnsanfall geh vorüber.
Wo nicht, so fahre zu den Toten –:
Mehr wird auf Erden nicht geboten!

.

Der eingebildet Kranke

Ein Griesgram denkt mit trüber List,
Er wäre krank. (was er nicht ist!)
Er müßte nun, mit viel Verdruß,
Ins Bett hinein. (was er nicht muß!)
Er hätte, spräch der Doktor glatt,
Ein Darmgeschwür. (was er nicht hat!)
Er soll verzichten jammervoll,
Aufs Rauchen ganz. (was er nicht soll!)
Und werde, heißt es unbeirrt,
Doch sterben dran. (was er nicht wird!)
Der Mensch könnt, als gesunder Mann
Recht glücklich sein, (was er nicht kann!)
Möcht glauben er nur einen Tag,
Daß ihm nichts fehlt. (was er nicht mag!)

Lehrsatz

Der Laie selbst sich nicht verhehlt,
Daß, wenn er krank ist, ihm was fehlt.
Den Satz hebt niemand aus der Angel:
Des Leidens Vater ist der Mangel.

Die guten Vierziger

Das Leben, meint ein holder Wahn,
Geht erst mit vierzig Jahren an.
Wir lassen uns auch leicht betören,
Von Meinungen, die wir gern hören,
Und halten, längst schon vierzigjährig,
Meist unsre Kräfte noch für bärig.
Was haben wir, gestehn wirs offen,
Von diesem Leben noch zu hoffen?
Ein Weilchen sind wir noch geschäftig
Und vorderhand auch steuerkräftig,
Doch spüren wir, wie nach und nach
Gemächlich kommt das Ungemach
Und wie Hormone und Arterien
Schön langsam gehen in die Ferien.
Man nennt uns rüstig, nennt uns wacker
Und denkt dabei: »Der alte Knacker!«
Wir stehn auf unsres Lebens Höhn,
Doch ist die Aussicht gar nicht schön,
Ganz abgesehn, daß auch zum Schluß –
Wer droben, wieder runter muß.
Wer es genau nimmt, kommt darauf:
Mit vierzig hört das Leben auf.

Schütteln

Auf Flaschen steht bei flüssigen Mitteln,
Man müsse vor Gebrauch sie schütteln.
Und dies begreifen wir denn auch –
Denn zwecklos ist es *nach* Gebrauch.
Auch Menschen gibt es, ganz verstockte,
Wo es uns immer wieder lockte,
Sie herzhaft hin- und herzuschwenken,
In Fluß zu bringen so ihr Denken,
Ja, sie zu schütteln voller Wut –
Doch lohnt sich nicht, daß man das tut.
Man laß sie stehn an ihrem Platz
Samt ihrem trüben Bodensatz.

Tropfglas

Beim Tropfennehmen darauf schau,
Daß du die Tropfen zählst genau:
Ein Tropfen schon, zuviel geträuft,
Macht, daß die Welt gar überläuft.

Versicherung

Unsicher ists auf dieser Erden,
Drum will der Mensch versichert werden.
Hat er die Zukunft nicht vertraglich,
So wirds ihm vor ihr unbehaglich.
Das Leben, ständig in Gefahr,
Zahlt er voraus von Jahr zu Jahr,
Daß auch an unverdienter Not
Er was verdient, selbst durch den Tod.
Die Krankheit wird schon halb zum Spaße,
Weiß man: das zahlt ja doch die Kasse!
Und wär das Leben jäh erloschen,
Gäbs hundert Mark für einen Groschen.
Ja, so ein Bursche spekuliert,
Daß durch Gesundheit er *verliert*!
Der Teufel aber höhnisch kichert:
»Wie seid ihr gegen mich versichert?«
Ja, stellt der Teufel uns ein Bein,
Springt die Versicherung meist nicht ein.
Der allzu Schlaue wird der Dumme:
Zum Teufel geht die ganze Summe,
Und wirklich wertbeständig bliebe
Auch hier nur: Glaube, Hoffnung, Liebe!

Ausgleich

So mancher hat sich wohl die Welt
Bedeutend besser vorgestellt –
Getrost! Gewiß hat sich auch oft
Die Welt viel mehr von ihm erhofft!

Nur

Wir lassen gern als Wahrheit gelten,
Dies sei die beste aller Welten.
Nur mit dem Platz, der uns beschieden,
Sind wir fast durchweg unzufrieden.

Schmerzen

Der Weise sagt uns unerbittlich,
Der Schmerz veredle und sei sittlich.
Jedoch er straft sich Lügen glatt,
Sobald er selber Bauchweh hat.

Je nachdem

Romantisch klingt es aus der Fern:
»Der Mensch ging unter wie sein Stern!«
Jedoch betrachtet aus der Näh,
Geht so was langsam und tut weh.

Theorie und Praxis

Wir hörens allenthalben preisen:
Das wahre Glück blüht nur den Weisen.
Die Folgerung daraus ist die:
Man werde weise! – (aber wie)?

Scheintote

Lang lebt noch, rüstig und betagt
Manch einer, den man totgesagt.
Doch nicht so leicht mehr hochzukriegen
Ist einer, den man totgeschwiegen.

Nächstenfurcht

Was immer einer denk und tu,
Das trau er auch dem andern zu.
Und er beherzige, vorsichtshälber:
»Fürcht deinen Nächsten wie dich selber!«

Gastmahl des Lebens

Am Ende hats fast jeder satt;
Nur, was geschmeckt am besten hat,
Äß man noch gern, das Leibgericht –
Doch nachgereicht wird leider nicht.

Verschiedne Einstellung

Als man zu Massen, wüst und dumm,
Zerrieb das Individuum,
Hat sich die Welt nicht sehr gekümmert.
Doch jetzt, wo man Atom zertrümmert, –
Im letzten Grund nur folgerichtig –
Nimmt sie das ungeheuer wichtig!

Beherzigung

Krank sein ist schlimm – ihr sollts bedenken
Und möglichst keinen Menschen kränken.

Lebensgewicht

Leicht gebt den Rat ihr, den bequemen,
Das Leben nicht so schwer zu nehmen.
Doch scheint mir oft, daß ihr nicht wißt,
Wie schwer das Leben wirklich ist!

Nicht zimperlich

Oft tut was weh, ganz sanft berührt,
Was man bei kräftigem Druck kaum spürt.
So ist im Leben vieles schmerzhaft,
Bis man es angreift, frisch und herzhaft.

Schicksal

Ein echter Mensch hat sein Geschick:
Dem brichts das Herz, dem das Genick.
Nur die sehn meistens wir verschont,
Für die ein Schicksal sich nicht lohnt.

Frage

Wir nehmen gern die Weisheit an:
Was Gott tut, das ist wohlgetan!
Nur ist uns häufig nicht ganz klar,
Ob Er es denn auch wirklich war!

Wichtiger

Im Alter werden Freunde selten:
Drum, die du hast, die lasse gelten!
Recht kannst du manchmal leicht behalten,
Doch schwer den Freund, den guten, alten!

Schmerzkonserven

Als Abenteuer, frisch gepflückt,
Uns manches keineswegs beglückt.
Jedoch, wer hätte nicht entdeckt
Wie, als Erinnerung eingeweckt,
Uns schmeckt, erzählt nach manchem Jahr,
Was damals ungenießbar war!

Letzte Ehre

Die erste Ehre ist es meist,
Die man als letzte uns erweist:
Wer klug ist, freut sich drum beizeiten
An künftigen Fried-höflichkeiten.

Warnung

Die Hybris sitzt im Wesen tief
Dem, der (ger-)manisch-depressiv.

Radio-Aktivität

Behandelt wirst du früh und spät
Mit Radio-Aktivität.
Oft geht sie durch das ganze Haus
Und sendet dauernd Strahlen aus.
Sie holt Musik aus aller Welt,
Die, keineswegs von dir bestellt,
Auf Wellen von verschiedner Länge
Gehör- sowie Gedankengänge
Durchkreuzt mit martervollem Wühlen:
Ja, wer *nicht* hören will, muß fühlen.
Rezept: Sich wehren, wäre Wahn –
Schaff selbst so einen Kasten an,
Sing laut, daß alle Wände beben,
Just, wenn Gesang dir nicht gegeben;
Spiel schlecht Klavier, lern Posthorn blasen,
Kurz, bring die anderen zum Rasen.
Dann sind wohl schon nach kurzer Zeit
Zum Waffenstillstand sie bereit.

Fieber

Das Rüstungsfieber zu bekämpfen,
Muß mans mit kühlen Pressen dämpfen.
Die Angst – fast durchwegs sein Erreger! –
Steckt leicht auch an die Krankenpfleger.

Warnung

Des lieben Gottes Möglichkeiten,
Uns Schmerz und Ängste zu bereiten,
Seis eingeweidlich, gliedlich, köpflich,
Sind wahrlich reich, ja unerschöpflich.
Gefährlich ists, sich zu beklagen,
Das Leben sei nicht zu ertragen.
Denn er beweist es dir im Nu:
Du trägsts – und Zahnweh noch dazu –
Und fühlst erlöst dich ganz bestimmt,
Wenn er es wieder von dir nimmt.
Es scheint dir nunmehr leichtere Last,
Was vordem du getragen hast.
Rezept: Trag lieber gleich mit Lust,
Was du doch schließlich tragen mußt.

Gute Vorsätze

Den guten Vorsatz, sich zu bessern,
Muß mancher manchmal arg verwässern.
Die so erzielte Wasserkraft
Treibt dann den Alltag fabelhaft.

Lebensleiter

Wir sehen es mit viel Verdruß,
Was alles man erleben muß;
Und doch ist jeder darauf scharf,
Daß er noch viel erleben darf.
Wir alle steigen ziemlich heiter
Empor auf unsrer Lebensleiter:
Das Gute, das wir gern genossen,
Das sind der Leiter feste Sprossen.
Das Schlechte – wir bemerkens kaum –
Ist nichts als leerer Zwischenraum.

Zeit heilt

Zwei Grundrezepte kennt die Welt:
Zeit heilt und, zweitens, Zeit ist Geld.
Mit Zeit, zuvor in Geld verwandelt,
Ward mancher Fall schon gut behandelt.
Doch ist auch der nicht übel dran,
Der Geld in Zeit verwandeln kann
Und, nicht von Wirtschaftsnot bewegt,
Die Krankheit – und sich selber – pflegt.
Doch bringts dem Leiden höchste Huld,
Verwandelst Zeit du in Geduld!

Neue Rezepte vom Wunderdoktor

Der Humorist, meist selbst nicht heiter,
Gibt Frohsinn nur an andre weiter.
Die Wissenschaft, die kaum je irrt,
Nennt so was einen Zwischenwirt.

Halali

Der Krankheit wird gewaltig jetzt
Vermittels Treibjagd zugesetzt.
Höchst logisch wird von allen -logen
Was irgend möglich, einbezogen.
Der Psycho-, Uro-, Bakterio-,
Laryngo-, Neuro -, Röntgeno-
Und viele andere beäugen
Die Fährte, sich zu überzeugen,
Daß, immer enger schon verbellt,
Die Krankheit ausweglos umstellt.
Zuletzt wird sie, auf Tod und Leben,
Dem Chef zum Abschuß freigegeben.

Mensch und Unmensch

Wer tiefer nachdenkt, der erkennt:
Mensch sein ist fast schon: Patient.
Doch sind wohl aus demselben Grund
Unmenschen durchwegs kerngesund.

Wartezimmer

Der Hausarzt kommt nicht mehr wie früher.
Du bist ein Selbst-Dich-hin-Bemüher.
Im Wartezimmer – lang kanns dauern! –
Mußt du auf den Herrn Doktor lauern,
Der, wie's der Reihe nach bestimmt,
Den einen nach dem andern nimmt –
(Soferne du nicht wöhnest arg,
Daß er noch viele schlau verbarg
In Nebenräumen, Küch' und Keller,
Um sie dann vorzulassen, schneller.)
Dortselbst, in schweigend stumpfem Ernst,
Du warten kannst – wenn nicht, es lernst.
Dann endlich trifft dich ein beseeltes:
»Der Nächste, bitte! Na, wo fehlt es?«
Nun gibts von Leidenden zwei Sorten:
Den einen fehlts zuerst – an Worten.
Den andern fehlts gleich überall:
Sie reden wie ein Wasserfall.
Der Doktor, geistesgegenwärtig
Wird leicht mit beiden Sorten fertig.
Maßgebend ist ihm ja im Grund –
Nicht dein Befinden – sein Befund.

Jung und alt

Hie jung – hie alt! Zu wem von beiden
Gehn lieber wir mit unserm Leiden?
Bald sind wir vom Gefühl durchdrungen:
»Das Neueste wissen nur die Jungen!«
Bald wieder sind wir überzeugt:
»Die Ältern haben mehr beäugt!«
Bald sagen wir, als Kosten-Scheuer:
»Ein Titel macht die Sache teuer!«
Bald singen wir das alte Lied:
»Ich, statt zum Schmiedel, geh zum Schmied!«
Bald kriegen wir ins Ohr getuscht:
»Selbst Große haben schon gepfuscht!«
Bald heißts: »Wer zum Professor rennt – –
Und dann machts doch der Assistent!«
Kurzum, wir armen, armen Kranken
Oft wie das Rohr im Winde schwanken –
Bis dann ein Zufall es entscheidet,
Wer aus dem Rohr sich Pfeifen schneidet.

Ärztliche Bemühung

Der Doktor greif im Notfall ein –
Es muß nicht gleich ein Eingriff sein!

Aussichten

Schon will der Arzt – wer könnts vertuschen? –
Dem lieben Gott ins Handwerk pfuschen.
Er bringt zu künstlich neuer Blüte
Die uralt schauerliche Mythe
– vorerst an hündischen Geschöpfen –
Von jenen arg vertauschten Köpfen.
Uns bangt, ob ers nicht so weit treib,
Daß er den abgenutzten Leib
Ritsch-ratsch ersetzt durch einen jungen.
Und ist erst das einmal gelungen,
Wird sich der Frevel ganz entpuppen:
Der Mensch vereinigt sich zu Gruppen,
Die Köpfe, Herzen, Nieren, Nerven
In einem Leib zusammenwerfen
Zu frisch gezellter Lebenswonne –
Der Rest kommt in die Abfalltonne.
Die Leute laufen dann herum,
Nicht mehr als Individuum, –
Weil ja natürliche Personen
Dann ohnedies sich nicht mehr lohnen –
Nein – mit geballter Leistungskraft
Als rechtsgebundne Körperschaft.

Der Unentwegte

Du kommst zum Doktor als ein Mann,
Der allerhand erzählen kann.
Du bist an Nerven recht zerrüttet:
Zweimal warst du im Krieg verschüttet.
Er hört kaum hin und sagt: »Jawohl –
Doch wie stehts mit dem Alkohol?«
Du schwörst: Kein Tröpfchen mehr seit Jahren
Doch Deine Ehe sei verfahren:
Drei Kinder krank, die Frau sehr bös –
Vielleicht macht dies dich sehr nervös?
»Hum«, brummt der Doktor, »ich versteh –
Wie aber ists mit dem Kaffee?«
Seit Wochen, schwörst Du, keinen Schluck
Und wenn, dann höchstens Muckefuck.
»Ja«, sagt der Doktor, »immerhin –
Doch wie stehts mit dem Nikotin?«
Du schwörst – und flehst, daß er dir glaubt:
Nichtraucher seist du überhaupt.
»Dann!« sagt der Doktor, »ist kein Grund
Zur Krankheit – Mann, Sie sind gesund!«

Kongressitis

Mißtrauisch sehn wir den verstärkten
Auftrieb zu Mediziner-Märkten:
Anstatt wie früher, still daheim
Der jüngsten Forschung süßen Seim
Zu saugen aus der Fachzeitschrift,
Die Ärzteschaft sich heute trifft
In Tokio und in Daxelburg,
Wo Internist sich und Chirurg
Bereden teils und teils belauschen,
Das neuste Wissen auszutauschen.
Kaum sind sie, wunderbar gespeist,
Nach Köln und Hamburg heimgereist,
Nach München, Tübingen und Gött-,
Schon ist das Neuste ein Gespött
Und wieder müssen Räder rollen,
Weil sie noch Neueres wissen wollen.
Der Arzt des Fortschritts sei gepriesen
Im Gegensatz zum Feld- Wald- Wiesen-,
Der, fern der jüngsten Wissenschaft,
Zu Hause Krankenscheine rafft.
Doch *einen* Vorteil hat auch *der*:
Er kann gleich kommen, ruft ihn wer.

Ohne mich!

Du führst – gesund, schier neiderregend –
Den Hund spazieren in der Gegend
Und liest, am nächsten Straßeneck,
Ein Schild, daß zu der Heilkunst Zweck
Sich kürzlich nieder hat gelassen
Ein Arzt, vertretend alle Kassen.
Drei Häuser weiter – und schon wieder
Ließ praktisch sich ein Arzt hier nieder.
Du wanderst friedlich hundert Schritte:
Sieh an! Da ist ja schon der dritte!
Gleich nebenan schwingt ein Professer
Als vierter sein Chirurgenmesser.
Ein fünfter treibts hals-nasen-öhrlich,
Und noch ein sechster Röntgen-röhrlich.
Ein siebter operiert nur plastisch,
Ein achter machts mehr heilgymnastisch. –
Wobei wir die gar nicht erwähnen,
Die helfen möchten deinen Zähnen. –
Du gehst – wie schon bemerkt, gesund –
Nach Hause still mit deinem Hund
Und schließt, im Bett noch abends spät,
Sie alle in dein Nachtgebet:
Sie möchten – *dich* nur ausgenommen! –
Zu Patienten reichlich kommen.

Streuung

»Nur um die Zähne oder Mandeln
Kann sichs, wenn Sie so müd sind, handeln.
Sie werden wieder heiter werden
Nach ausgeräumten Eiterherden!«
Der Doktor sprichts und räumt nun rüde;
Wir aber bleiben sterbensmüde.
Da wird er aber bitterbös:
»Ihr ganzes Leiden ist nervös!«

Ermunterung

Scheint auch dein Zustand aussichtslos,
Halt durch – und wärs für Tage bloß!
Nur Mut! Die Rettung ist schon nah –
Sie kommt bestimmt aus USA,
Wo, wie man liest, beinahe stündlich
Die Heilkunst umgewälzt wird, gründlich.
Und wäre auch dein Fall der schwerste,
Bist du vielleicht der allererste,
Den, durch die Luft herbeigeeilt,
Von drüben ein Professor heilt!

Gleichgewicht

Was bringt den Doktor um sein Brot?
a) die Gesundheit, b) der Tod.
Drum hält der Arzt, auf daß *er* lebe,
Uns zwischen beiden in der Schwebe.

Einsicht

Der Kranke traut nur widerwillig
Dem Arzt, ders schmerzlos macht und billig.
Laßt nie den alten Grundsatz rosten:
Es muß a) weh tun, b) was kosten.

Diener und Herr

Ist auch an sich der Mediziner,
Wie sonst kaum wer, der Menschen Diener,
So ist er doch der Herr zugleich;
Und willig beugen arm und reich,
Ablegend Hemd und Rang und Titel,
Sich vor dem Mann im weißen Kittel.

Wettrüsten

Die fürchterlich das Land durchschnaubt,
Manch blühend Leben uns geraubt:
Die finstre alte Drachenbrut –
Weiß man jetzt auszuschwefeln gut!
Denn kommt man ihr sulfonamidlich,
Dann wird sie harmlos, friedlich-niedlich.
Doch leider hat der Therapeut
Sich des Erfolgs zu früh gefreut:
Die Keime, mit modernsten Mitteln
Vertrieben, scheinbar, aus den Spitteln,
Sie lassen sich nicht fürder locken.
Geharnischt warten Viren, Kokken
Und brechen plötzlich, mit Gewalt,
Hervor aus ihrem Hinterhalt.
Mit panzerbrechend-neuen Waffen
Hofft wieder es der Arzt zu schaffen.
Und Niederlagen gibts und Siege,
Abwechselnd in dem zähen Kriege.
Gut, wenn wir an der Reihe sind,
Wenn grad die Wissenschaft gewinnt!

Undank

Ein guter Arzt weiß gleich oft, wo.
Statt daß man dankbar wär und froh,
Ist man so ungerecht und sagt:
»Der hat sich auch nicht arg geplagt!«
Ein andrer tappt ein Jahr daneben –
Mild heißts: »Müh hat er sich gegeben!«

Vertrauensarzt

Du sollst dem Arzt vertraun – gewiß!
Nur dem Vertrauens- traust Du miß,
Weil er bestellt, zu schauen scharf,
Ob man Dir selbst vertrauen darf.

Zum Trost

Leicht sieht ein jeder, der nicht blind,
Wie krank wir, trotz der Ärzte, sind.
Doch nie wird man die Frage klären,
Wie krank wir ohne Ärzte wären.

Selbstbedienung

Man weiß, das Personal wird rar –
Doch Rettung wächst mit der Gefahr.
Statt daß man schon in aller Frühe
Die brave Schwesternschaft bemühe,
Schiebt man dem Kranken an sein Bett
Ein automatisch Wunderbrett,
Das sich, mit Hilfe vieler Schalter,
Als Wärter zeigt und Unterhalter.
Beim Druck auf ein bestimmtes Knöpfchen
Reicht es ihm Pillen zu und Tröpfchen.
Licht an – Licht aus; den Vorhang auf! –
Wie mans grad wünscht im Tageslauf.
Der Kranke wird gekämmt, gewaschen,
Versehn mit jeder Art von Flaschen;
Des Zimmers Wärme wird gesteuert,
Selbsttätig der Verband erneuert.
Auch Zuspruch ist zu haben, seelisch –
Nach Wahl: katholisch – evangelisch.
Punkt fünf – sollt ers auch selbst vergessen –
Wird seine Tempratur gemessen.
Den Puls erfühlt ein eigner Zähler. –
Nur: schleicht sich technisch ein ein Fehler,
Bleibt hilflos liegen man wie gestern:
Vergebens ruft man nach den Schwestern. –
Zu sparen ihre Liebeskraft
Hat man das Brett ja angeschafft!

Zweifache Wirkung

Das ist der Krankenhäuser Sinn,
Daß man – wenns geht – gesund wird drin.
Doch wenn mans ist: dann schnell heraus!
Ansteckend ist das Krankenhaus.

So und so

Man hört jetzt mit dem Schlagwort werben:
»Wer arm ist, der muß früher sterben!«
Doch oft ist auch nicht zu beneiden
Der Reiche: er muß länger leiden!

So und so

Gesunde quält oft der Gedanke:
Wohin sie schauen – lauter Kranke!
Doch blickt ein Kranker in die Runde,
Sieht er nur unverschämt Gesunde.

»Schein«-Behandlung

Scheinkranke stellen gern sich ein,
Genügt dazu ein Krankenschein.

Psychosomatisches

Weil Leib und Seel gehörn zusammen,
Muß auch manch Körperleiden stammen
In magischem Zusammenwirken
Aus unsern seelischen Bezirken.
Doch nicht nur, daß die eigne Seel'
Wir unbewußt oft halten fehl:
Schuld trägt auch häufig die Familie,
Die manche hoffnungsvolle Lilie
Noch eh sie recht erblüht ist, knickt:
Die Freude wird im Keim erstickt.
Aus gegenseitgem Sich-erbosen
Entwickeln sich die Herzneurosen.
Nachts kommt besoffen heim der Vater,
Die Mutter schwärmt nur fürs Theater,
Die Schwiegermutter ist recht zänkisch,
Die Tante eingebildet kränkisch,
Am Marke der Familie saugen
Auch noch zwei Brüder, die nichts taugen.
Da spricht der Seelenkundler weise:
Kein Wunder, wenn in solchem Kreise
Bei dergestalten Lebensläufen
Sich, seelenleiblich, Schäden häufen.
So war das freilich immer zwar,
Doch jetzt machts Wissenschaft erst klar:
Sie bringt auf neue, stolze Höh
Die alte Lehre vom Milieu.

Arztwechsel

Der Hausarzt, tüchtig und bescheiden,
War einst der Hüter unsrer Leiden.
Er ward uns Helfer, ward uns Freund. –
Jetzt wird nur noch herumgestreunt.
Half nicht der erste Herr Professer,
Dann ist gewiß der zweite besser,
Und bald – das ist bei uns so Sitte –
Denkt man, der beste sei der dritte.
Ein jeder fängt von vorne an,
Tut, was die andern schon getan:
Sollt er sich fremder Einsicht beugen?
Nein, er muß selbst sich überzeugen!
Er läßt den ganzen Heiltumsschatz,
Vom EKG bis Grundumsatz,
Frisch auf uns los; und wenig gilt
Das jüngst erstellte Röntgenbild.
Nach mancher Messung und Verbuchung
Sind wir jetzt reif zur Untersuchung,
Bei der wir wieder neu erfahren,
Was man uns schon gesagt vor Jahren,
Und wofür wir auch danken, kindlich:
Daß unsre Galle reizempfindlich,
Und unser Herz ein bißchen groß –
Daß aber sonst nicht recht viel los.
Wir tragen leichter unsre Qual
Ein Jahr lang – bis zum nächstenmal …

Privatpraxis

Der Arzt heißt herzlich dich willkommen,
Was dir auch fehlt – Geld ausgenommen!

Arztfrauen

Die Doktorsfrau ist übel dran:
Der sonst gewissenhafte Mann
Versäumt an ihr just seine Pflicht –
Und »freie Arztwahl« hat sie nicht.

Wandlung

Daß wir den Arzt nicht fürchten dürfen,
Ist klar – doch wenn wir tiefer schürfen,
So kommen wir auf den Gedanken:
Heut fürchtet mehr der Arzt die Kranken!

Der Landarzt

Des Landarzts Mühsal, oft geschildert,
Hat sich zur »Spritztour« jetzt gemildert.

Diagnose

Höchst ratsam ist die mitleidlose
Und äußerst düstre Diagnose,
Die nie des Doktors Ruf verdirbt:
Gesetzt den Fall, der Kranke stirbt –
Am Schrecken gar, ihm eingejagt –
Heißts: »Ja, der Arzt hats gleich gesagt!«
Jedoch, wenn er ihn retten kann,
Dann steht er da als Wundermann …

Wunden

Wenn Dir der Doktor, gar noch barsch,
Reißt den Verband vom Wundenharsch,
So gibt er nichts auf Dein Gestöhn. –
Ganz glücklich sagt er: »Ei, wie schön!«
Was, schmerz-verwirrt, Du noch nicht siehst,
Er siehts: daß sich die Wunde schließt.

Ersatz

Wer nicht mehr traut auf Gottes Willen,
Ersetzt sein Nachtgebet durch Pillen.

Seelen-Sanitäter

Der Arzt als Freund – das läßt man gelten.
Der Freund als Arzt behagt uns selten.
Mit Heilstoff, wenn auch ziemlich bitter,
Versorgt uns immer gern ein Dritter.
Er tuts aus reiner Nächstenpflicht:
Die milden Salben helfen nicht!
Schmerzhaft aus uns zu ziehn das Laster,
Streicht er uns seinen Senf aufs Pflaster;
Geschickt sucht er was hinzureiben,
Um falsche Hoffnung auszutreiben.
Die Liebeswunde schmerzt verteufelt –
Schon hat er sie mit Jod beträufelt.
Was an uns selbst wir überschätzen,
Weiß er mit Höllenstein zu ätzen.
Besonders gern sticht er den Star
Und sagt, was traurig, aber wahr.
Kurz – er ist oft nicht sehr bequem.
Doch wir vermissen ihn trotzdem,
Seit wir so einsam sind zu Haus:
Hausfreund, wie Hausarzt, sterben aus.

Geschütteltes

Du sollst dein krankes Nierenbecken
Nicht mit zu kalten Bieren necken.

Auch müßtest du bei Magenleiden
Den Wein aus sauren Lagen meiden.

Glaub nicht, daß alle Zungen lügen,
Die warnen vor den Lungenzügen.

Auf Pille nicht noch Salbe hoff,
Wer täglich dreizehn Halbe soff.

Wer kann mit frohem Herzen schmausen,
Wenn tief im Stockzahn Schmerzen hausen?

Du spürst der ganzen Sippe Groll
Die pflegen dich bei Grippe soll.

Statt jeden, der noch lacht, zu neiden,
Am Neid dann Tag und Nacht zu leiden,
Sich Kummer, weil man litt, zu machen:
Ists besser, selbst gleich mitzulachen.

Flucht

Wir haben einst als kleine Knaben
Aus lauter Angst vor Schulaufgaben
Die Influenza selbst erzeugt
Voll Mißtraun wurden wir beäugt;
Und doch – es reichte zur Begründung
Des Hausarzts: »Leichte Halsentzündung!«
Wir lagen in den saubern Kissen
Mit nicht ganz sauberem Gewissen –
Nichts wissend von den psychosomen
Streng wissenschaftlichen Symptomen.
Wir freuten uns der Anwartschaft
Auf Bilderbuch und Himbeersaft.
Je nun, wir wurden älter – und,
Selbst wenn wir wirklich nicht gesund,
Hielt eisern aufrecht uns die Pflicht:
Man stirbt, doch man ergibt sich nicht!
Nur manche, kindhaft lebenswierig,
Die werfen, kaum wirds etwas schwierig,
Daß Leiden sich des Leids erbarme,
Der Krankheit feig sich in die Arme –
Natürlich nicht grad Magenkrämpfen! –
Sie suchen, aus den Daseinskämpfen
Geflüchtet, sich die Krankheit nett aus. –
Und sind erst wieder kühn, vom Bett aus.

Geschenke

Wenn bummelnd durch die Stadt du gehst
Und müßig vor Geschäften stehst,
Schau in die Läden nicht zu scharf,
Die zeigen »Krankenhausbedarf«.
Sie preisen zwar mit milden Worten
Das Folterwerkzeug aller Sorten,
Doch dich ergreift ein eisiger Schreck –
Am besten schaust du schleunig weg.
Nicht freilich so zur Weihnachtszeit,
Wo auch der Bandagist bereit,
Zu fördern liebreich den Gedanken,
Wie man erfreu die armen Kranken.
Er schmückt, (statt's gar nicht herzuzeigen)
Ein »Entlein« grün mit Tannenzweigen;
Um medizinisch ernste Spritzen
Läßt hold er goldne Sternlein blitzen
Und ein begehrenswertes Bruchband
Versieht er fromm mit einem Spruchband,
Das von der Zeit, so gnadenvoll,
Die Menschen überzeugen soll,
Sofern sie guten Willens sind –
Und etwas Passendes sich find.

Einschüchterung

Von Wechseljahren weiß der Kenner,
Daß sie gefährlich auch für Männer.
Schon naht – sonst abhold der Verrohung –
Der Fachman mit massiver Drohung:
Sie haben Sand in den Gelenken!
Sie können nicht mehr richtig denken!
Sie haben Kribbeln in den Beinen!
Sie fangen grundlos an zu weinen!
Sie sind versucht, sich selbst zu töten,
Sie leiden unter Atemnöten,
Schweiß rinnt von Ihnen, ganze Bäche!
Sie fürchten sich vor Mannesschwäche!
Sie haben Angst vor Frauenzimmern!
Sie leiden unter Augenflimmern,
Schlaflosigkeit und Nervenzucken,
Fußkälte, Kopfweh, Schwindel, Jucken,
Ihr Herz beginnt zu klopfen, jagen,
Müd sind Sie, nieder-, abgeschlagen!!
Der Ärmste, der dies schaudernd liest,
Kriegts mit der Angst und sagt: »Na, siehst!«
Und nimmt – das war der Warnung Willen –
Ab heut die guten Knoblauch-Pillen!

Zuversicht

Am Abend sieht man manchen Kranken
Gewaltig Medizinen tanken:
Für Herz und Magen, Kopf und Nerven
Füllt er sich an mit Heilkonserven;
Er hofft, daß morgen früh die Gaben
Gewirkt beim Aufstehn werden haben.
Und gläubig schließt er seinen Pakt
Schon jetzt mit dem Futur exakt.

Salben

Die beste Wirkungskraft verliert
Die Salbe, die zu dick geschmiert –
Auch Zuspruch, wenn er heilen soll,
Sei darum nicht zu salbungsvoll.

Vorsicht!

Du kriegst, wenn Du sie nicht schon hast,
Gastritis leicht als Wirtshaus-Gast.

Legendenbildung

Drei Tage lang war einer krank, –
Dann hüpft' er wieder, frisch und frank.
Jedoch schon bei den ersten Fragen
Sprach er von acht, ja vierzehn Tagen.
Ward späterhin der Fall besprochen,
Erzählte er von drei, vier Wochen.
Dann gab er an, daß letztes Jahr
Er schwerkrank siebzehn Wochen war.
In der Erinnrung, längst genesen,
Ist jahrelang er siech gewesen.

Ärger

Es gilt, just bei nervösen Leiden,
Aufregung aller Art zu meiden;
Besonders, wie der Doktor rät,
Vorm Schlafengehen, abends spät.
Noch mehr fast, fleht er, gib Dir Müh,
Dich nicht zu ärgern in der Früh.
Und, bitte, ja nicht zu vergessen:
Niemals, vorm, beim und nach dem Essen.
Wer streng zu folgen ihm, bereit,
Hat, sich zu ärgern, kaum mehr Zeit.

Aufschub

Der Tod hat es in unsern Tagen
Nicht mehr so leicht, er muß sich plagen!
Die Medizin, die meisterliche,
Kommt mehr und mehr ihm auf die Schliche.
Er kann, selbst wenn es Gott befohlen,
Uns nicht, so mir nichts, dir nichts, holen.
Der Mensch fuhr früher rasch dahin –
Jetzt bremst man mit Penicillin.
Und einer, der vor Gottes Stufen
Bereits so gut schien, wie gerufen:
Der Arzt, wer weiß, ob auch zum Glück,
Ruft in das Leben ihn zurück.
Und doch, mag man ihn manchmal stoppen,
Läßt sich der Tod am End nicht foppen;
Und mehr als einem tats schon leid,
Daß er nicht ging – zur rechten Zeit.

Die Stütze

Gesunde stürzen ohne Halt –
Wer kränkelt, wird gar achtzig alt.
Sein Leiden wird zum festen Stab,
Dran er sich schleppt bis an das Grab.

Billiger Rat

Wenn ein Bekannter, schwer erkrankt,
Ob er sich schneiden lasse, schwankt,
Rät gern zu heldischem Entschluß,
Wer ihn nicht selber fassen muß;
Ihm fehlts an Gründen nicht, an seichtern,
Den Schritt dem andern zu erleichtern
Und noch viel weniger an tiefern,
Ans Messer herzlos ihn zu liefern:
Ich bitte dich, in unsrer Zeit
Ist so was eine Kleinigkeit!
Ich wollt mich keine Stund besinnen,
Denn frisch gewagt heißt halb gewinnen!
Die jetzigen Chirurgen machen
Doch spielend noch ganz andre Sachen!
Wer also spricht, hat nichts gewagt:
Denn wenn des Arztes Kunst versagt,
Kann sich, wer tot, nicht mehr beschweren;
Wenns glückt, dann kommt man hoch zu Ehren,
Als der, der zu entschlossnen Taten
Mit Recht dem Zaudernden geraten!

Hoffnungen

Nicht nur die stolze Firma Bayer,
Nein, auch der Apotheker Mayer
Und Hinterhuber, der Drogist,
Sehn, was die Welt an Pillen frißt
Und nährn die Hoffnung drum im Busen,
Daß sie, schier so wie Leverkusen
Und andere Erzeugungsstätten,
Glück mit dergleichen Sachen hätten.
Soll er denn, fragt sich jeder Brave,
Für ewig sein der Handelssklave
Der Firmen all, der reichen, großen?
Kann er nicht selbst noch Pulver stoßen
Und Pillen drehn, wie es der Ahn
Jahrhunderte hindurch getan?
Der Anfang ist oft klein, ja winzig,
Knoblauchig oder pfefferminzig,
Doch Kühnere voll Tatkraft werfen
Sich schon auf Kreislauf, Herz und Nerven
Und, leicht durchsetzt mit Weltanschauung,
Auf die geregelte Verdauung.
Im Laden ein Plakat schon prunkt:
»Erkennst Du Deinen dunklen Punkt?
Er wird durch Mittel prompt erhellt,
Von mir persönlich hergestellt!«
Und vor des Schöpfers innerm Blick
Steht schon, gewaltig, die Fabrik.

Schwierige Operation

Nur sehr Geschickte sollten wagen,
Sich Wünsche aus dem Sinn zu schlagen.
Steckt so ein Wunsch erst richtig drin,
Trifft man statt seiner just den Sinn
Und läuft, was ärgerlich und dumm,
Statt wunschlos – sinnlos nur herum.

Patent

Der Kranke greift zur Medizin,
Froh überzeugt, sie heile ihn.
Doch ist sie leider, gleich der Nuß,
Gebannt in den Patentverschluß.
Der Ärmste plag sich, wie er mag:
Geheimnisvoll am lichten Tag
Läßt sich mit Hebeln nicht und Schrauben
Die Büchse ihren Inhalt rauben.
Hätt er die Medizin genommen,
Der Kranke wär davon gekommen.
Doch starb er noch in selber Nacht:
Er hat das Dings nicht aufgebracht.

Heilungsprozeß

Was jeder Mensch wohl wissen dürft:
Daß man, wenn man sich aufgeschürft,
Geritzt, gestochen, sonst verletzt –
Und 's hat sich Wundharsch angesetzt,
Die ganze Sache nur verpatzt,
Wenn man voreilig zupft und kratzt.
Auch sieht man aus den kleinsten Pickeln
Sich scheußlich ein Geschwür entwickeln,
Weil man gesucht, noch eh es Zeit,
Nach einer – Ausdrucksmöglichkeit.
Was eben werden wollte heil,
Verwandelt sich ins Gegenteil.
Was ist am Weltenleiden schuld?
Die Ungeduld, die Ungeduld!

Verpaßte Zeit

Sobald dir dein Gewissen rät,
's wär höchste Zeit – ists schon zu spät!

Stoffwechsel

Höchst unterschiedlich im Vertragen
War auch seit je der Seelenmagen,
So daß ein chronisch-milder Gram
Dem einen gar nicht schlecht bekam,
Der reagierte andrerseits
Schlecht auf akuten Ärger-Reiz.
Ein zweiter, ohne jede Störung,
Nährt sich von Jähzorn und Empörung,
Wogegen jede Art von Stauung
Sich schlüge bös auf die Verdauung.
Man sieht, auch seelisch schmeckt dem Esser
Hier dies und dort das andre besser.

Leber

Das Dasein ist dem nicht erhebend,
Der leberleidend, leider, lebend.
Wer kerngesund, weiß bis zum Grabe
Kaum, daß er eine Leber habe.
Doch sind, kommts erst einmal zum Klappen,
Nicht mehr Lappalien die paar Lappen.

Erhöhte Ansprüche

Der Arzt ist heut dazu verpflichtet,
Daß höchst modern er eingerichtet.
Einst hat genügt für solche Zaubrer
Ein weißer Mantel schon, ein saubrer,
Ein Stethoskop als Zauberstecken,
Und, nur um heilsam zu erschrecken,
Ein reinlich präparierter Tod,
Ein bißchen Watte, Mull und Jod,
Ein paar Rezept- und Zauberbücher –
Zufrieden waren die Besücher.
Doch heut braucht er zu seinen Taten
Ein Arsenal von Apparaten.
Auch wenn die Dinger gar nicht gehn –
Sie müssen in der Praxis stehn.

Unterschiedlich

Schwer ists mitunter zu entscheiden:
Ein Leid wiegt mehr als hundert Leiden.
Doch ist auch manchmal, umgekehrt,
Ein Leiden hundert Leide wert.

Vergebliche Warnung

Der Leib sagt es der Seele oft,
Daß er auf ihre Bessrung hofft;
Er fleht, das Rauchen einzudämmen,
Ihn nicht mit Bier zu überschwemmen,
Ihm etwas Ruhe doch zu gönnen –
Bald werd ers nicht mehr schaffen können.
Die Seele murrt: »Laß Dein Geplärr!
Du bist der Knecht – ich bin der Herr!«
Der Körper, tief beleidigt, schweigt –
Bis er dann eines Tages streikt:
Die Seele, hilflos und bedeppt,
Den kranken Leib zum Doktor schleppt.
Und was, meint ihr, erfährt sie dort?
Genau dasselbe, Wort für Wort,
Womit der Leib ihr Jahr und Tag
Vergeblich in den Ohren lag.

Schlafmittel

Der süße Schlaf, naturgesteuert,
Wird, ach! jetzt barbiturgesäuert.
Das muß sich rächen auf die Dauer:
Das Aufstehn, morgens, fällt uns sauer!

Der Kinderarzt

Der Kinderarzt lebt nicht so sehr
Vom Kind, das krank ist, wirklich schwer
– das sind die Fälle nur, die seltern –
Als von der Angst der lieben Eltern.
Sie ist es, die er heilt im Grund –
Das Kind wird meist von selbst gesund.
Postscriptum: Trotzdem sei doch lieber
Der Arzt geholt, beim kleinsten Fieber,
Wenns sein muß, selbst um Mitternacht –
Denn einmal nur die Angst verlacht,
War diesmal sie nicht unbegründet:
Hellauf schon brennt, was sich entzündet!

Hydrobiologie

Geboren wird der Mensch als nasser:
Ein Säugling ist fast durchwegs Wasser –
Bis er, obwohl er saugt und säuft,
Auf dieser Welt sich trocken läuft.
Erst wird ers, meistens, hinterm Ohr –
Zuletzt vergeht ihm der Humor.
Und, leider, bis ins Mark verdorrt,
Lebt er Jahrzehnte lang noch fort.

Übergescheit

Klug maßt ein Psychologe mut,
Warum man dies und jenes tut.
Und er sucht Gründe, immer tiefer,
Als wohlgeübter Seelenschliefer.
Wie er sich auch den Kopf zerbricht:
An schlichte Dummheit denkt er nicht.

Psychoanalyse

Ein kluger Seelen-Wurzelgraber
Weiß viel ans Licht zu bringen – aber
Vergeßt dabei das eine nicht:
Die Wurzeln sterben ab im Licht!

Forschung

Oft denkt zwar einer Tag und Nacht –
Und hat sich nichts dabei gedacht.
Erst jetzt forscht Physiologie
Nicht, *was* der Mensch denkt, sondern *wie*.

Röntgenbild

Ein Meister allen Jüngern riet,
Nur das zu glauben, was man sieht.
Und doch – der Einwand sei erlaubt,
Daß mancher das sieht, was er glaubt.

Kunst

Mitunter fälscht wer, gar nicht schlecht,
Ein Krankheitsbild, als wär es echt.
Dann wird, es richtig zu bewerten,
Der Doktor gar zum Kunstexperten.

Darum!

Damit man doch zum Doktor geh,
Schuf Gott den Schmerz – denn, täts nicht weh,
Dann säß der erste Arzt noch immer
Allein in seinem Wartezimmer.

Wohlfahrt

Was ist gar vieler Menschen Traum?
Die Rentenfrucht am Leidensbaum.

Augen

Man hält sogar jetzt Augenbanken
Bereit zum Austausch für die Kranken.
Sie schaun – und freuen sich daran –
Die Welt mit andern Augen an.

Blutübertragung

Wir sind auf unsre Ahnen stolz:
Ihr Blut, in unsern Adern rollts!
Jetzt kreist oft Blut in unsern Bahnen,
Von Leuten, die wir gar nicht ahnen.

Gegen Müdigkeit

Bei Müdigkeit wär zu erproben:
Laß a) den Kranken selbst sich loben,
b) äußern seine Weltbeschwerden –
Und sieh, er wirds nicht müde werden!

Höfliche Bitte

Die Welt ist ungemein empfindlich:
Wer Wunden schlägt, sei auch verbindlich!

Vorschlag

Auch Röntgenbilder, schön geblitzt,
Kann, wer sie schwarz auf weiß besitzt,
Getrost und stolz nach Hause tragen.
Er zeigt den Seinen Herz und Magen,
Läßt Leute tun, die ihm fast fremd,
Die tiefsten Blicke unters Hemd,
Wo's jenseits weit von männlich-weiblich,
Ganz keusch wird, knie- und bänderscheiblich.
Schon hört den Wunsch man allenthalben
Nach Röntgenbild-Familienalben.

Luftkur

Den Kranken bringt mit gutem Grund
Man dorthin, wo die Luft gesund.
Doch schon sind allzuviele dort
Und es entsteht ein Luftkurort.
Die Luft, beansprucht allzusehr,
Erholt sich alsbald selbst nicht mehr.

Reiskur

Der Patient hat fest versprochen,
Nur Reis zu essen, sieben Wochen.
Erst tut ers streng: salzlos, gewässert,
Dann insgeheim schon leicht verbessert;
Dann in der Form des süßen Breis;
Dann Reis mit Huhn; dann Huhn mit Reis –
Um im Gefühle eines Helden
Beim Doktor wieder sich zu melden.
Und sieh! Der Patient hat Glück:
Der hohe Blutdruck ging zurück
Und beide singen Lob und Preis
Dem wundertätig-edlen Reis.

Fieber-Fantasie

Manch einer hat im Leben nie,
Selbst nicht bei Fieber, Fantasie.
Vielleicht, daß es ein bißchen blitzt,
Wird er auf vierzig Grad erhitzt.
Doch häufig tötet dann den Kranken
Sein erster feuriger Gedanken.

Guter Zuspruch

Wenn sonst ein Gatte an was litt,
Beleidete die Frau ihn mit.
Doch trifft man auch das Gegenteil –
Die Frau nur schimpft: »Natürlich, weil:
Du einfach nie zum Doktor gehst;
Barfuß auf kalten Böden stehst,
Nie pünktlich nimmst die Medizin,
Hinarbeit'st selbst auf den Ruin,
Beim Baden immer untertauchst,
Den ganzen Tag Zigarren rauchst,
Hineinfrißt, was du nicht verträgst,
Am Ast, auf dem wir sitzen, sägst,
Zu jeder Warnung blöd nur lachst,
Nie ernstlich dir Gedanken machst – –
Das würde dir vielleicht so passen,
Als Witwe mich zu hinterlassen!«
So schlägt sie nieder ihn mit Keulen
Und jetzt fängt sie gar an zu heulen.
Der Mann, gelockert und bewässert,
Verspricht, daß er sich schleunig bessert. –

Zeit heilt

Wenn ihn nicht gleich der Tod ereilt,
Hat manchen schon die Zeit geheilt.
Den einen, der beim Scheiterspalten
Die große Zeh für Holz gehalten;
Den andern, den vor Zeit ein Schaf
Knie-scheibenschießend übel traf;
Den dritten, der sich schon wollt morden,
Weil nicht bekommen er den Orden;
Den vierten, der an einer stolzen
Wunschmaid in Tränen schier zerschmolzen;
Den fünften, der mit Schreck vernommen,
Daß ihm die Felle weggeschwommen;
Den sechsten, der voll Gram gewesen,
Weil keiner sein Gedicht gelesen. –
Lang, lang ists her; es wird die Qual
Zum Märchen schon: es war einmal …
Und alle leben so ganz friedlich –
Nur ein klein bißchen invalidlich.

Kassenhaß

Ein Mann, der eine ganze Masse
Gezahlt hat in die Krankenkasse,
Schickt jetzt die nötigen Papiere,
Damit auch sie nun tu das ihre.
Jedoch er kriegt nach längrer Zeit
Statt baren Gelds nur den Bescheid,
Nach Paragraphenziffer X
Bekomme vorerst er noch nix,
Weil, siehe Ziffer Y,
Man dies und das gestrichen schon,
So daß er nichts, laut Ziffer Z
Beanzuspruchen weiter hätt.
Hingegen heißts, nach Ziffer A,
Daß er vermutlich übersah,
Daß alle Kassen, selbst in Nöten,
Den Beitrag leider stark erhöhten
Und daß man sich, mit gleichem Schreiben,
Gezwungen seh, ihn einzutreiben.
Besagter Mann denkt, krankenkässlich,
In Zukunft ausgesprochen häßlich.

Mahnung

Die Welt, bedacht auf platten Nutzen,
Sucht auch die Seelen auszuputzen;
Das Sumpf-Entwässern, Wälder-Roden
Schafft einwandfreien Ackerboden
Und schon kann die Statistik prahlen
Mit beispiellosen Fortschrittszahlen.
Doch langsam merkens auch die Deppen:
Die Seelen schwinden und versteppen!
Denn nirgends mehr, so weit man sieht,
Gibt es ein Seelen-Schutzgebiet:
Kein Wald, drin Traumes Vöglein sitzen,
Kein Bach, drin Frohsinns Fischlein blitzen,
Kein Busch, im Schmerz sich zu verkriechen,
Kein Blümlein, Andacht draus zu riechen.
Nichts, als ein ödes Feld – mit Leuten
Bestellt, es restlos auszubeuten.
Drum, wollt Ihr nicht zugrunde gehn,
Laßt noch ein bißchen Wildnis stehn!

Angstträume

Wen hätt nicht schon der Traum gepackt,
Daß er dahinläuft, splitternackt,
Sich furchtbar schämt – und doch so tut,
Als liefe er recht frohgemut,
Ganz ohne Angst vor all den Leuten,
Die schon mit Fingern auf ihn deuten.
Wer reicht ihm einen Lendenschurz?
Wer gräbt ihm frei des Traumes Wurz?
Hats einen Sinn, nach dem Erwachen
Der Welt den Traum bekanntzumachen?
Wird seine Frau ihn recht verstehn?
Soll er zum Therapeuten gehn?
Soll er bei Freud und Adler schürfen,
Ob wir dergleichen träumen dürfen?
Vielleicht verrät der Mensch, als nackter,
Den baren Mangel an Charakter?
Eh dies entschieden, sinkt zum Glück
Der böse Traum ins Nichts zurück.
Beim ersten Blick auf Hemd und Hosen
Verschäumt er leicht im Wesenlosen.

Zahnweh

Bescheiden fängt ein alter Zahn,
Der lange schwieg, zu reden an.
Entschlossen, nicht auf ihn zu hören,
Tun wir, als würd uns das nicht stören.
Der unverschämte Zahn jedoch
Erklärt, er hab bestimmt ein Loch,
Und schließlich meint er, ziemlich deutlich,
Daß ihm nicht wohl sei, wurzelhäutlich.
Wir reden dreist ihm ins Gewissen:
»Wenn du nicht schweigst, wirst du gerissen!«
Doch wie? Der Lümmel lacht dazu:
»Das fürcht ich lang nicht so wie du!«
Wir suchen mild ihn zu versöhnen:
»Ließ ich dich golden nicht bekrönen?
Schau, haben nicht wir beiden Alten
Zusammen jetzt so lang gehalten?
So manchen guten Biß geteilt?«
Es ist umsonst, er bohrt und feilt
Und sieht nicht ein, wie es verwerflich,
Uns völlig zu zersägen, nervlich,
Wir werden stark! (In Wahrheit: schwach!)
Am nächsten Morgen kommts zum Krach.
Der Zahn wehrt sich mit Löwenmut;
Doch übersteht ers schließlich gut.
Uns aber bangt schon – Zahn um Zahn –
Bald kommt vielleicht der nächste dran!

Das Hausbuch

Mehr Geld-verdienstlich wirkt, als rühmlich,
Wer Wissenschaft macht volkestümlich;
Als fleißiger Zusammenschmelzer
Bringt er in einen dicken Wälzer,
Teils, was die Welt gewußt seit Jahren,
Teils, was sie eben erst erfahren,
Teils, was sie – bis auf einen Kreis
Von Fachgelehrten – noch nicht weiß.
Vielseitig macht der Wicht sich wichtig:
Wie geht, steht, schnauft und schneuzt man richtig?
Das Fenster, offen sonst bei Nacht,
Bei Lärm und Frost sei's zugemacht.
Doch kann er auch bei schwerern Fällen
Sein Wissen zur Verfügung stellen,
Denn er beherrscht den jüngsten Markt:
Bandscheiben, Stress und Herzinfarkt.
Wie sonst die Leute Schweine mästen,
So nährt er seine Zettelkästen,
Um das, was andre vor ihm dachten,
Zur rechten Stunde auszuschlachten.
Sein Werk empfehl ich im besondern
Der Hausfrau – und den Hypochondern.

Inserate

Selbst Blätter, die sonst ernst zu nehmen,
Sich nicht der ganzen Seiten schämen,
Darauf sie, dienstbar dem Gesindel,
Anpreisen jeden Heilungsschwindel.
Das aufgeklärte Publikum
Ist heut ja noch genau so dumm
Wie in der Zeit der Wunderkuren,
Zahnbrecher und Geheimtinkturen.
Ja, es vertraut, so blind wie nie,
Dem Teufelsspuke der Chemie.
Muß man sich dem Erfolg nicht beugen,
Wenn Frauen schockweis ihn bezeugen,
Die alle, hergezeigt in Bildern,
Eingehendst die Verdauung schildern,
Die sie, durch das besagte Mittel,
Abmagern ließ um gut ein Drittel?
Der Gatte, Jugendglanz im Blicke,
Nennt sie nun nicht mehr »meine Dicke«,
Er sagt: »Mein Mädchen!« zu der Stolzen,
Bewundernd, wie sie hingeschmolzen.
Die Welt wird mager – nur die Blätter,
Die werden durch die Firma fetter,
Die weiter nichts braucht abzuführen,
Als ihre Inserat-Gebühren.

Beinahe

Ein Reisender in Afrika
Zwar Löwen weit und breit nicht sah,
Doch gierig, selbst sich zu verhelden,
Will er zu Hause trotzdem melden,
Ihn hätten – was ihm alle gönnen –
Leicht echte Löwen fressen können.
Der Kranke, dem fast nichts gefehlt,
Ist oft vom gleichen Drang beseelt;
Und er erzählt voll Schauderwonnen,
Wie knapp er nur dem Tod entronnen.
Der Arzt hats selbst ihm angedeutet:
Fast hätt man ihn zu Grab geläutet.
In diesem würde er jetzt liegen,
Wärs Fieber *noch* zwei Grad gestiegen,
Und seine Grabschrift könnt man lesen,
Wär nicht sein Herz so stark gewesen.
Man hätte ihn hinausgetragen,
Hätt Gelbsucht sich dazugeschlagen.
Und längst läg er im kühlen Bette,
Wenn gar versagt die Niere hätte.
Er hätte müssen in die Erden,
Wärn auch gekommen Milzbeschwerden …
Wir schmunzeln nur in diesem Falle:
So beinah starben wir schon alle!

Principiis obsta!

Machthunger heilt und Tatendurst
Ihr nie und nimmer mit der Wurst,
Um die's dann geht! Nein, eh's zu spät,
Verordnet äußerste Diät!

Hoffnung

Die einen jubeln: Wirtschaftswunder!
Die andern schrein: Schon glimmt der Zunder!
Doch jeder hofft, mit heilem Hintern
Auch diesmal noch zu überwintern.

Trübe Erfahrung

Als Kind schon wir zu hören kriegen,
Daß wir, wie wir uns betten, liegen.
Doch dann sehn anders wirs verkettet:
Wer richtig liegt, wird gut gebettet.

Kontaktarmut

Daß er an Spannung nichts verliert,
Lebt heute jeder isoliert.

Ausflüchte

Zum Werke der Barmherzigkeit
Ist stets ein guter Mensch bereit:
Er wird mit Blumen, Obst und Kuchen
Demnächst den kranken Freund besuchen!
Doch weicht die erste zarte Regung
Der Übermacht von Überlegung:
Zeit kostets, Geld und Überwindung …
Die schlechte Straßenbahnverbindung …
's ist erst die Frage, ob und wann
Man ihn besuchen darf und kann …
Vermutlich ist der Arzt dagegen …
Wie häufig kommt man ungelegen …
Er braucht die Schüssel grad – wie peinlich …
Am liebsten schläft er, höchstwahrscheinlich.
Vielleicht ist arg er überlaufen,
Hat Blumen, Bücher schon in Haufen.
Ich frag doch vorher den Professer …
Die nächste Woche läg mir besser.
Die Luft im Krankenhause haß ich –
Ich glaub, das Ganze unterlaß ich …
Vielleicht kommt demnächst er heraus
Und ich besuch ihn dann zu Haus … –
Heraus nun kommt der Kranke zwar,
Doch leider auf der Totenbahr.
Die Frage bleibt sich schier die gleiche:
Ob er wohl geht mit seiner Leiche?

Der Herrenfahrer

Solang dein Motor richtig läuft,
Machts nichts, wenn Widrigkeit sich häuft:
Du kommst – und wärs durch dicksten Dreck –
Mit rücksichtsloser Kraft vom Fleck,
Du überfährst die Welt mit Wucht
Und rettest dich durch Fahrerflucht.
Doch eines Tags, nach goldnen Jahren,
Hast du den Karrn kaputt gefahren
Und schmerzhaft kommts dir in den Sinn,
Was in dem Motor alles drin
An Röhren, Strängen, Leitern, Klappen,
An Linsen, Trommeln, Filtern, Lappen,
An Deckeln, Pumpen, Netzen, Kammern:
Erbärmlich fängst du an zu jammern.
Der kundige Mechanikus,
Der Doktor, sagt: Jetzt ist es Schluß!
Auch wenn er, besten Falls, geschickt
Den ärgsten Schaden nochmal flickt,
Mußt du für immer dir versagen,
Dein altes Tempo anzuschlagen.
Just du schimpfst nun ganz weheleidig
Auf andre, die noch fahren, schneidig
Und hast den Übermut vergessen,
Mit dem am Steuer du gesessen.

Anthropologie

Die Wissenschaft noch heute fabelt,
Wann Mensch und Affe sich gegabelt
Und, ohne weiter Zeit zu schonen,
Wirft sie herum mit Jahrmillionen.
Es waren unsre frühsten Ahnen
Die Untermenschen, Subhumanen.
Dann, kurze Zeit und reichlich spät,
Drang beinah durch Humanität,
Indes das Prähumane, (Vor-)
Unendlich langsam sich verlor.
Schon aber rückten, schrecklich schnell,
Posthominiden an die Stell,
Nachmenschen also, sozusagen,
Wie wir sie sehn in unsern Tagen.
Der Mensch, der Menschheit alter Traum,
Trat somit in Erscheinung kaum.
Ihn gabs – fällt auch die Einsicht schwer –
Noch nicht: da gabs ihn schon nicht mehr.

Frische Luft

Schwer ists mitunter, Luft zu kriegen,
In der nicht schon Gedanken liegen.

151

Letteritis

Ganz plötzlich wird es dir bewußt:
Erkrankt ist deine Leselust!
Nach welchem Buche du auch faßt,
Keins, das zu deiner Stimmung paßt!
Du gibst nichts hin – es gibt nichts her:
Bald ists zu leicht, bald ists zu schwer.
Mit leerem Herzen und Verstand
Starrst du auf deine Bücherwand:
Die altbewährte, edle Klassik
Ist dir auf einmal viel zu massig
Und über die moderne Lyrik
Denkst du schon beinah ehrenrührig.
Der Reißer selbst, in dessen Flut
Du sonst gestürzt voll Lesewut,
Wirft heut dich an sein Ufer, flach;
Dein Drang zur Wissenschaft ist schwach;
Und das gar, was sich nennt Humor,
Kommt dir gequält und albern vor.
Geduld! Laß ab von aller Letter!
Es wird sich ändern, wie das Wetter:
Schon morgen, unverhofft genesen,
Kannst du dann lesen, lesen, lesen!

Skrupel

Schärf ständig frisch dein stumpf Gewissen –
Doch laß die Vorsicht nicht vermissen,
Auf daß es noch, nicht allzuscharf,
Taugt für den täglichen Bedarf!

Physiognomik

Vermessen wärs, wolltst du ihr Wesen
Den Leuten vom Gesicht ablesen.
Darf es doch fast als Grundsatz gelten:
So, wie sie ausschaun, sind sie selten.

Weissagung

Erhaltet Euch, auch metaphysisch,
In alter Frische, tränendrüsisch.
Denn leider Gottes wills so scheinen,
Als käm noch allerhand zum Weinen.

Kunst des Schenkens

Verschenken kannst Du viele Sachen,
Doch nur mit wenigen Freude machen.

Der Fürsorgliche

Nicht, weil er bös ist, nein: zu gut –
Quält uns oft einer bis aufs Blut.
Selbst Wünsche, die wir gar nicht hatten,
Erfüllt er, ohne zu ermatten,
In einem Übermaß von Hulden
Und: ohne Widerspruch zu dulden.
Ach, seine Sorge, ob er täglich
Uns recht umsorgt, wird unerträglich:
Mild fragt, in unserm ersten Schlafe,
Ob wir gut zugedeckt, der Brave;
Früh will er uns gewiß nicht stören –
Nur, ob wir wohl geschlummert, hören.
Die Frühstückspfeife froh zu schmauchen
Vergällt sein Vortrag übers Rauchen.
Grad was wir äßen mit Vergnügen,
Gibts nicht, weil wir es schlecht vertrügen.
Daß er vor rauher Luft uns schütze,
Drängt er uns Wollschal auf und Mütze,
Ja, Regenschirm und Überschuhe,
Im Fall nur, daß es regnen tue.
Auf leises Räuspern bringt bereits
Ein Säftlein er für Hustenreiz;
Und sollten etwa gar wir niesen,
Ist unser Tod ihm fast bewiesen.
Und teuflisch martert er dich Armen,
Erbarmungslos – nur aus Erbarmen.

Guter Wille

Gern – etwa im Familienbad –
Sehn wir die turnerische Tat!
Erfreulich sind die jungen Mädchen,
Die munter schlagen ihre Rädchen,
Und die mit Kerzen oder Brücken
Von ganzem Herzen uns entzücken.
Wir freun uns auch des jungen Manns,
Der eitel prahlt: Schaut her, ich kanns!
Doch wahrhaft rührend und begeisternd
Wirkt erst ein Greis, den Leib bemeisternd:
Ein dürrer, daß er sich verjünge,
Macht, wie ein Känguruh, drei Sprünge
Und ist gewiß, daß nun für Wochen
Geschmeidig wieder seine Knochen.
Ein Fettwanst, der die Kniee beugt,
Ist nun von Grund aus überzeugt,
Er dürft nun lang, bei Bier und Braten,
Ausruhn von solchen Heldentaten.
Wie aber muß uns erst erschüttern
Der Drang von Groß- und Schwiegermüttern,
Durch Seehund-gleiches Leibeswälzen
Zu Jugendschlankheit hinzuschmelzen!
Wer dies belächeln wollt, der wisse:
In magnis sat est, voluisse!

Selbsttäuschung

Manch einer meint – und glaubt die Lüge
Daß er das Große groß ertrüge,
Weil er sich – wie er dreist sich brüstet –
Ganz anders für den Ernstfall rüstet,
Und kühn dem Tod ins Auge blickt.
Bloß jetzt, wo ihn nur Bauchweh zwickt,
Auf Seelengröße er verzichtet –
Er fühlt sich nicht zu ihr verpflichtet.

Weltschmerz

Mit Recht des Volkes Weisheit meint,
Ein Schmerz gehöre ausgeweint.
Nur Weltschmerz, der sich wichtig macht,
Gehört am besten ausge*lacht.*

Manager

Beklagenswert, wer sich verschworen,
Er hab noch niemals Zeit verloren.
Bekenn er lieber, unumwunden:
Er hab noch niemals Zeit gefunden.

Lebe gefährlich!

Die Welt geht morgen vielleicht unter.
Wir sind, verhältnismäßig, munter –
Vielmehr, ganz unverhältnismäßig!
Vergnügungssüchtig und gefräßig,
Neugierig, harmlos, guter Dinge –
Als ob die Welt *nicht* unterginge.
Der Nachwelt ist dann unerklärlich,
Wie wir, gefährdet und gefährlich,
Geschritten, doch wohl ahnungslos,
Durch diese Zeiten, riesengroß.
Nichts da! Wir habens schon gewußt! –
Wir haben leider halt gemußt;
Und mit der größten Zeit verweben
Die kleinsten Zeiten sich zum Leben.
Doch wie, im Kampf an allen Fronten,
Wir trotzdem uns behaupten konnten,
Wird – suchts auch mancher zu beschreiben –
Ein ewiges Geheimnis bleiben!

Dringender Wunsch

Just heut, wo schon das All bedroht,
Tät uns ein All-Heilmittel not.

Bestätigung

Noch heut gilt als der Heilkunst Fels
Der große Meister Paracels.
Er sprach, als Mann von Ruhm und Titel:
Heilmittel sei'n auch Nahrungsmittel,
Wie wechselweis im Gegenteil
Die Nahrungsmittel sei'n auch Heil. –
Ein Wort, das heut erst sich bewährt,
Da alles sich von Pillen nährt.

Je nachdem

Bald siehts ein Kind, woran wir leiden,
Bald kanns der Facharzt kaum entscheiden.
Bald wähnen, krank, wir uns gesund;
Bald leidend, scheinbar ohne Grund.
Bestimmt weiß Gott nur, was uns fehlt
Und auch, warum ers uns verhehlt.

Scheinbarer Widerspruch

Hochherzigen nur kanns gelingen,
Das Schwerste übers Herz zu bringen.

Lebensmut

Meist bleibts dem Menschen unbewußt,
Wie stark sein Herz schlägt in der Brust.
Er würde nicht das Grausen los,
Wie's Blut pumpt, hämmernd, pausenlos,
Und nicht allein zur Sommerszeit,
Nein, auch im Winter, wenn es schneit,
Jahrein, jahraus, jahraus, jahrein –
Doch dürft noch größres Wunder sein,
Wie er das Wissen mit sich trägt,
Daß eines Tags es nicht mehr schlägt.

Schein-Heilung

Wenn einer, der seit manchem Jahr
Ans (Ehe-)Bett gefesselt war,
Nun kurz entschlossen sich erhebt,
Ge- und entschieden weiter lebt
Und prahlt, er sei jetzt ein Gesunder,
Nimmt leicht die Welt das für ein Wunder.
Nicht jeder – was zu fürchten bleibt –
Hat sich ermannt, der sich entweibt.

Warnung

Manch einer, der so hingelebt,
Schreckt aus dem Schlummer auf und bebt:
Ihm ist, als hört' er, voll Entsetzen,
Den grimmen Tod die Sense wetzen!
Schon zwickts ihn hier, schon zwackts ihn dort:
Er muß was tun – und zwar sofort!
Angstwinselnd er um Aufschub fleht,
Schwört, daß er gleich zum Doktor geht,
Daß er verzichtet, wenns sein muß,
Auf Rauch- und Alkoholgenuß,
Ja, Sanatorien besucht,
Statt weiter schnöden Mammon rucht.
Doch andern Morgens, beim Erwachen,
Wagt er, sich selber auszulachen:
So, spricht er dreist, kann man sich täuschen:
Nichts mehr von Sensen-Wetz-Geräuschen!
Doch eines Tags ists dann zu spät:
Der Tod hat lautlos ihn gemäht.

Beherzigung

Im Seelenkampf mit allzu Schwierigen
Schon *deine* Nerven – nicht die ihrigen!

Verwicklungen

Verstopfung in den Eingeweiden
Gilt als die Mutter vieler Leiden.
Es bringt dich schier um den Verstand,
Prüfst du, wie du mit ihr verwandt.
Hast du die Leiden selbst erzeugt,
Die sie dir jetzt als Mutter säugt? –
So daß sie eheliche Kind'
Von dir und der Verstopfung sind??
Hat sie sie nicht von dir empfangen –
Mit wem ist sie dann fremd gegangen?
Bist etwa gar, oh Rätselrater,
Du selber der Verstopfung Vater?
Sind deine Leiden deine Enkel?
Du kriegst die Sache nicht beim Henkel.
Doch mußt du, bleibts dir auch verborgen,
Für Mutter wie für Kinder sorgen.

Die Hauptsache

Früh aufstehn tuts noch nicht im Leben –
Man muß auch seelisch sich erheben!

Seelen-Heilkunde

Der Leib, erkrankt, gibt Schmerz-Alarm –
Doch hilflos, meistens, schweigt der Harm,
So daß er chronisch schon verstockt,
Eh man der Seele ihn entlockt.
Und liegt der Mangel gar an Glück,
Wie häufig, Jahre weit zurück,
So ist das Leiden arg verschleppt.
Zwar gibts manch prächtiges Rezept,
Das jeder Doktor gern verschriebe:
Es brauchte weiter nichts als *Liebe*.
Doch fehlts an Apotheken dann,
Wo man es machen lassen kann.
Denn Liebe just wird auf der Welt
Noch nicht synthetisch hergestellt.

Das Opfer

Just einer, der entrüstet schreit,
Er hab zum Kranksein keine Zeit,
Ist scharf drauf, daß bei jedem Drecke
Den andern in das Bett er stecke.
Er bietet – heimlich glaubt er dran –
Dem Schicksal ihn als Opfer an.

Fremdkörper

Es muß im Aug kein Balken sein –
Ein fremder Körper, splitterklein
Und, was noch ärger, splitternackt,
Hat oft schon Ehen pie-gesackt,
Ja, manche gar daran zerbrach,
Weil er dem Mann ins Auge stach.
Wir geben hier den Eheweiben
Den alten Rat: Nur nicht dran reiben!
Nicht gleich mit zu viel Eifer suchen
Und gar den Doktor anbespruchen!
Ein Tuch, nicht allzu tränenfeucht,
Den Kenner schon von Vorteil deucht.
Dann stellt, wirds auch sofort nicht sein,
Der klare Blick sich wieder ein.

Vorteil

Die Frau mit *schwachen* Nerven kann,
Was nicht mit *starken* glückt dem Mann.

Konsultation

Wird ein Familienmitglied kränklich,
So zeigt sich jedermann bedenklich
Und – was auch ganz vernünftig – rät,
Zum Arzt zu gehen, ehs zu spät.
Man gibt so lange keine Ruhe,
Bis jener schwört, daß er es tue.
Man fragt ihn sanft, man fragt ihn grob,
Zum Schluß fragt man ihn nur noch: »ob?«
Er kann dann schon Gedanken lesen:
Ob nämlich er beim Arzt gewesen?
Je nun, er geht denn auch zum Schluß,
Weil er doch einmal gehen muß.
Fragt dann der Arzt schon in der Türe
Ihn höflich, was ihn zu ihm führe,
Kann er es sagen ganz genau:
»Nur der Befehl von meiner Frau!«

Blutung

Ein kluger Mann wird stets vermeiden,
Das Wort dem Schwätzer abzuschneiden.
Denn jetzt erst blutets endlos fort,
Just aus dem abgeschnittnen Wort.

Ausweg

Wer krank ist, wird zur Not sich fassen,
Gilts, dies und das zu unter*lassen.*
Doch meistens zeigt er sich immun,
Heißt es, dagegen was zu *tun.*
Er wählt den Weg sich, den bequemen,
Was *ein-* statt was zu *unter*nehmen!

Lebenssaft

Einst glaubte man, ein eigner Saft
Bewirke unsre Lebenskraft;
Doch hat die Forschung dann bewiesen,
Man lebe einfach, ohne diesen.
Nur kommts uns neuerdings so vor,
Als wärs – gewesen! – der Humor.

Müde Welt

Den Müden sei es angenehm
Zu hören, daß sie Weltproblem!
Die erste Krankheit unsrer Zeit
Ist: allgemeine Müdigkeit.

Witz

Der Witz ist Würze und nicht Speise;
Nie reiche man ihn löffelweise!
Zuträglich – gar bei scharfem Witze –
Ist höchstens eine Messerspitze!

Schul-Medizin

Den Durchfall finden wir in Massen,
Besonders bei den *untern* Klassen,
Wo er befällt oft gleich ein Drittel.
Fleiß wäre hier das beste Mittel.
Das Leiden ist nicht tödlich zwar,
Doch brauchts zur Heilung rund ein Jahr.

Zusammenhänge

Beweis, wie nah verwandt sie sind:
Man stillt sie beide – Schmerz und Kind!

Schönheits-Chirurgie

Sei's, daß du nur ein Wimmerl hast,
Sei's, daß dir deine Nas nicht paßt,
Daß Kinn und Wange dir zu faltig,
Daß dir dein Busen zu gewaltig –
Kurz, daß Natur dir was verweigert,
Beziehungsweise grob gesteigert,
Brauchst, in der Neuzeit, der bequemen,
Du das nicht einfach hinzunehmen.
Es bleiben schließlich nur die Affen
So häßlich, wie sie Gott erschaffen –
Die Ärzte so *uns* modeln sollen,
Wie Gott uns hätte schaffen *wollen.*

Zaubervorstellung

Der Psychotherapeut machts fein:
Erst fragt er viel in dich hinein,
Dann holt er, wie's der Zaubrer tut
Mit dem Kaninchen aus dem Hut,
Die Fragen wieder aus dir raus –
Und dankt vergnügt für den Applaus.

Wickel

Schon seinen Lebenslauf beginnt
Höchst ungern man als Wickelkind.
Und jeder weiß von den Gefahren,
Die drohn in den Entwicklungsjahren.
Jedoch, selbst wenn man diese glatt
Schon lange überwunden hat,
Stellt sich noch spät der Alpdruck ein:
Nur ja in nichts verwickelt sein!

Für Kahlköpfe

Als sichres Mittel gegen Glatze
Ist folgendes Rezept am Platze:
Man laß, im Lauf der nächsten Jahre
Sich einfach wachsen graue Haare –
Wozu der Grund sich leicht ergibt –
Die färbe man nun, wie's beliebt.

Schädlich

Nicht stets die kalte Schulter zeigen,
Wenn wir zum Rheumatismus neigen!

Der Stärkere

Kein Seelenschmerz und keine Trauer
Schert deinen Magen – auf die Dauer.
Mag Gram und Groll das Herz dir pressen,
Der Bauch, der Lümmel, will sein Fressen.
Er hat die Pflicht, nicht nachzugeben –
Denn schließlich mußt du weiterleben!

Magenbeschwerden

Wohl dem Gesunden, ders verträgt,
Daß er sich wüst den Bauch vollschlägt.
Doch hat selbst der nicht immer Glück,
Denn manchmal schlägt der Bauch zurück.

Nichts übertreiben!

Dem Rauschgift Kampf – und seinen Süchtern!
Doch, bitte, auch nicht allzu nüchtern!

Guter Rat

Liegt wer im Bett, ist schlimm er dran –
Schon weil er nirgends hingehn kann;
Es sei denn – Leid macht innerlich –
Er ginge ausnahmsweis in sich.
Hier aber wurde viel versäumt:
Kalt ist es und nicht aufgeräumt.
Drum sorg, daß du dein Innres immer
Auch brauchen kannst als Krankenzimmer.

Einer für alle

Kraft aller Nerven ist vonnöten,
Will *einen* uns der Zahnarzt töten.

Ernster Fall

Zur Hoffnung bleibt noch immer Grund,
So lang die Krankheit selbst – gesund.
Doch wehe, alle Heilkunst wankt,
Sobald die Krankheit auch erkrankt.
Dann kommst Du nicht so leicht davon:
Der Arzt nennts: Komplikation.

Melancholie

Mit nichts ist Schwermut so zu lindern,
Als wie mit einer Schar von Kindern:
Der Ärger, wenn sie tobt und schreit,
Läßt dir zum Trübsinn keine Zeit.
Du mußt, verstrickt in Seelenqualen,
Dem Stefan dringend gleich was malen:
Die Sonne, einen Baum, ein Haus,
Die Straßenbahn, den Nikolaus.
Der Thomas, deinen Schmerz zu stören,
Will unbedingt ein Märchen hören,
Und du erzählst vom Menschenfresser –
Und schau – schon gehts dir wieder besser!

Homo ludens

Der homo faber, homo prudens,
Gilt mehr uns, als der homo ludens,
Der scheinbar unnütz faule Bruder –
Gar, wenn er noch ein armes Luder.
Und doch ist der, oh Mensch, erkenn's!,
Der wahre homo sapiens,
Der, bis zum letzten Tag ein Kind,
Des Lebens ernstes Spiel gewinnt.

Autosuggestion

Ein Kranker spürt, trotz der Behandlung,
In seinem Zustand keine Wandlung;
Ja, es werd schlechter, möcht er denken. –
Jedoch, um nicht den Arzt zu kränken,
Sagt er bescheiden: »Herr Professer,
Es wird wohl stimmen, – mir gehts besser!«
Und sieh – das tuts auch, mit der Zeit:
Welch ein Triumph der Höflichkeit!

Mahnung

Nehmt euch der Römer weise Lehre
Zum Ziel: Quieta non movere!
Wenn wirs in deutsche Worte fassen:
Was ruht, auf sich beruhen lassen.
Gerade das oft, was im Leben
Längst scheint vergessen und vergeben,
Bleibt, wie auch rasch die Stunde rennt,
In tiefster Seele virulent.

Anfälligkeit

Gefallsucht hat, oft über Nacht,
Schon manche Frau zu Fall gebracht.

Das Geld

Daß unser Geld nicht bleibt gesund,
Hat, wenn man nachdenkt, guten Grund:
Unschuldig selbst, wirds arg mißbraucht:
Versoffen wirds, verlumpt, verraucht;
Mit Aderlaß und Währungsschnitt
Spielt mancher Pfuscher bös ihm mit.
Bald wird es fiebernd heiß begehrt,
Bald kalt verachtet, weil nichts wert.
Leichtsinnig auf den Kopf gehauen,
Verliert es bald sein Selbstvertrauen.
Oft zwischen Erd und Himmel bang
Schwebt es, als Kaufkraftüberhang.
Dann wirds gedrosselt von den Banken –
Der ganze Kreislauf kommt ins Wanken.
Hier wirds zum Fenster nausgeschmissen,
Dort alle Welt mit ihm besch……
Im Kampf ums Dasein wirds zerrieben,
Als Steuer herzlos eingetrieben.
Auch macht es glücklich nicht allein;
Als Mitgift gar kanns giftig sein!
Man will mit ihm bestechen, schmieren –
Und dann solls noch die Welt regieren!
Das alles, wie's auch wirkt und schafft,
Geht schließlich über seine Kraft!

Zeitrechnung

Mit Weltgeschichte sind wir reichlich
Versorgt und darum gar nicht weichlich.
Wir durften, wenn auch unter Beben,
Schon manche *große* Zeit erleben.
Doch unsre Daten, ganz persönlich,
Die richten trotzdem wir gewöhnlich
Nach *kleinen* Zeiten, nach wie vor:
Damals, als Hans den Fuß erfror,
Als unser Bruder, Vater, Gatte
Die schwere Halsentzündung hatte,
Als – unvergeßlich bleibt der Tag! –
Der Fritz auf Tod und Leben lag;
Wir werden sagen: in dem Jahr,
In dem Marie den Max gebar,
Der Franz die Masern sich erworben,
Der Onkel Florian gestorben,
Die Olga operiert ward – kurz,
Nicht Weltkrieg und Regierungssturz,
Nicht Wirtschafts- und nicht Währungskrisen
Sind als kalenderfest erwiesen.
Auch künftig rechnen wir die Jahre
Nur von der Wiege bis zur Bahre.

Theorie

Heil dem, der rundherum gesund,
Auch seelisch ohne Klagegrund,
Nach einer wohldurchschlafnen Nacht,
Springt aus dem Bette, daß es kracht!
Die Sonne scheint, es ist halb sechs –
Der Mensch, das herrliche Gewächs,
Sich fühlend als der Schöpfung Krone,
Treibt froh, mit Rundfunk oder ohne,
Den Frühsport, duscht im kalten Strahl,
Verzehrt vergnügt ein reichlich Mahl,
Liest seine Zeitung sorgenfrei,
Legt pünktlich auch sein Morgenei
Und eilt, der eignen Spannkraft froh,
In Werkstatt, Schule und Büro,
Wo, bis ihn wieder Nacht umhüllt,
Er weit mehr als sein Soll erfüllt.
Verdrossen liest man dies Gedicht:
So müßt es sein – so ist es nicht!

Temperatur

Dem Ofen gleich sei Dein Gefühl:
Bei Kälte warm, bei Hitze kühl.

Gegenprobe

Der raschen Hoffnung traue nicht,
Meinst du, daß alles dafür spricht.
Noch scheint die Vorsicht angezeigt,
Zu prüfen, was dagegen schweigt.

Feigheit

Wir fühlen, daß die eigne Seele
Recht gut es wüßte, was uns fehle.
Doch da wir, feige, es nicht wagen,
Sie unerbittlich drum zu fragen,
So trägt sie das Geheimnis stumm
Mit sich (das heißt, mit uns!) herum.

Hygiene

Der bösen Taten gutes Ende:
Man wäscht in Unschuld sich die Hände.
Der wahre Weise bleibt da skeptisch:
Auch Unschuld ist nicht antiseptisch.

Gutmütigkeit

Wir nennen einen Menschen gut,
Der, was wir von ihm möchten, tut
Und drum – erbost zwar oft im stillen –
Verzichtet auf den eignen Willen.
Es sind gerade die Gefälligen,
Die wir mit jedem Dreck behelligen.
Sie werden, weich und ungeschützt,
Von jedem schamlos ausgenützt.
Sie wähnen sich geheilt für immer
Oft nach Erfahrung, allzu schlimmer;
Ja, sie bekennen selber frei,
Daß ihre Dummheit sträflich sei.
Und doch: sehn sie auch alles klar, –
Gutmütigkeit ist unheilbar!

Savoir-vivre

Oft hat wer sterben früh gemußt,
Der wohl zu leben hätt gewußt.
Ein andrer quält sich noch als Greis,
Weil er nicht recht zu leben weiß.

Gesunde Umwelt

Gewiß, wir haben allen Grund
Zu lachen, wenn wir selbst gesund.
Doch sei auch innig Gott gedankt,
Wenn niemand sonst im Haus erkrankt,
Wenn Weib und Kind und Ingesind
Wohlauf und ganz in Ordnung sind,
Verwandte, Freunde sich nicht legen –
Gar mit dem Anspruch, sie zu pflegen;
Wenn Milchmann, Krämer, Schneider, Schuster,
Nicht bettgefesselt sind als Huster,
Die Zeitungsträgrin jederzeit
Von Kraft erstrahlt und Rüstigkeit.
Nur eins: halt deine frommen Triebe
Nicht gleich für reine Nächstenliebe:
Gesundheit wünschst du allen ihnen,
Damit sie deinem Wohlsein dienen!

Ausgleich

Je leichter 's wird, sich was zu gönnen –
So schwerer, sich dran freun zu können!

Haltung

Wir halten kaum uns auf den Beinen –
Doch möchten rüstig wir erscheinen.
Sogar als müde, alte Knacker,
Marschieren mit der Zeit wir wacker,
Damit es ja kein andrer merke,
Wie schlecht es steh um unsre Stärke.
Der andre gleichfalls, statt zu jammern,
Gibt sich als einen noch viel strammern,
Bis wiederum nun *wir* uns schämen
Und uns an ihm ein Beispiel nehmen.
Wir sehen die im Grunde Kranken
Empor sich aneinander ranken.
Nur dürfen, wie wirs auch ersehnen,
Wir nie uns an den andern lehnen.
Sonst stürzt das wacklige Gebäude
Von vorgetäuschter Lebensfreude.

Zu spät

Durch Jahre um sein Glück bestohlen,
Sucht mancher jetzt, es nachzuholen.
Und doch kann nie genug mans predigen:
Man schädigt sich durch Sich-entschädigen.

Stichverletzungen

Ein ganz besonders wilder Schmerz
Ist jener jähe Stich ins Herz
Beim Anblick einer Ungetreuen –
Und gar bereits am Arm des Neuen.
Statt daß nun wir, um uns zu rächen,
Der Falschen stolz ins Auge stächen,
Gehn wir, geknickt, ja ganz gebrochen,
Weil uns ein andrer ausgestochen.

Inkubation

Die Krankheit, statt sogleich zu wüten,
Läßt uns meist Zeit, sie auszubrüten.
Zum Beispiel mancher sich nichts denkt,
Im Augenblick, wo ihn wer kränkt.
Erst nachts dann, wenn er schlaflos liegt,
Merkt er, daß er was abgekriegt
Und ist auf einmal so erbittert,
Daß ihm vor Zorn die Nase zittert.
Die Kränkung, jetzt erst ausgebrochen,
Bedarf zur Heilung vieler Wochen;
Vergebens feilt er nun am Wort,
Das ihm geholfen hätt – sofort.

Bitte

Der Alltagsmensch ist schwer erkrankt
Am Leben, öd und unbedankt.
Ich bitt euch herzlich: lobet ihn!
Lob ist die beste Medizin.

Stoßseufzer

Ein hohes Lob für Zeitgenossen
Ist heute, daß sie aufgeschlossen.
Wir aber wüßten manchmal gern:
Wie wärn sie wieder zuzusperrn?

Aufheiterungen

Der erste Schmerz ist, wie der letzt',
Zum Grenzpfahl dieser Welt gesetzt.
Dazwischen freilich kanns auf Erden
Mitunter auch recht lustig werden.

Kochrezept

Auch wenns dich treibt, vor Wut zu kochen,
Sei dir empfohlen: gut zu kochen!

Scheintod

Im Lauf der Zeit wird man oft mürbe,
So daß man gar nicht ungern stürbe
Und, ohne weitere Schicksalsschläge,
Nun mausetot im Sarge läge.
Doch ist das Nicht-Gefühl von Leichen
Im voraus niemals zu erreichen.
Nicht mausetot, nur mäuschenstill,
Lieg wer im Bett, so steif er will,
Such seinen Atem anzuhalten
Und alles Denken auszuschalten –
Es ist umsonst: denn er erkennt,
Wie streng sich Sein und Nichtsein trennt,
Weil man, um in des Tods Genuß
Zu kommen, wirklich sterben muß.
Und doch, in Zeiten, also trüben,
Sollt man das Tot-sein manchmal üben,
Und sich erfreun am Konjunktive,
Wie's wäre, wenn man ewig schliefe.
Denn, wer sich richtig totgestellt,
Lebt wieder freier auf der Welt.

Lebensrechnung

Leicht ändern wir die Einzelposten. –
Im Ganzen nie die Lebenskosten.
Wir zahlen drauf, genau genommen,
Grad, wo wir billig weggekommen.

Tempo

Wie schauderschnell rast doch die Zeit!
Kaum sind wir der Vergangenheit
Mit einem blauen Aug entronnen –
Heißts, daß die Zukunft schon begonnen.

Falsche Diagnose

Es ist oft die Gerechtigkeit
Schwer unterscheidbar nur vom Neid.
Denn weil vom Unrecht, arg gehäuft,
Auch ihr die Galle überläuft,
Sieht die Symptome man, dieselben,
Mitunter, wie beim Neid, dem gelben.

Begegnung

Zwar fragen uns Bekannte stets,
Wenn sie uns treffen: »Na, wie gehts?«
Doch warten sie so lange nie,
Bis wir es sagen könnten, wie.
Wir stellen drum statt langer Klage,
Sofort die kurze Gegenfrage.
Dann ziehen höflich wir den Hut
Und sagen beide: »Danke, gut!«
Wir scheiden, ohne uns zu grollen –
Weil wirs ja gar nicht wissen wollen.

Kreislaufstörung

Das ist der Kreislauf dieser Welt:
Mit sauerm Schweiß verdient man Geld,
Mit süßem Leichtsinn wirds verlumpt –
Das beste Herz uns nichts mehr pumpt.
Im Kreise laufen wir verstört,
Bald stockt das Blut, bald wallts empört.
Unlustgefühle aller Art,
Selbst Schwindel bleibt uns nicht erspart.
Man trifft – was leicht wär zu beweisen –
Die Störung in den besten Kreisen.

Das Muster

Man kennt im Gasthaus die Besteller,
Die schaun erst auf des Nachbarn Teller:
Und äße der den Bart Jehovas,
Sie sprächen: »Ober, mir auch so was!«
Dieselbe Sorte Mensch erwählt
Die Krankheit, die grad wer erzählt
Und kriegt, in des Berichts Verlauf,
Erst richtig Appetit darauf.

Klatschsucht

Wer dir vom Nachbarn häßlich spricht,
Erfreut durch Witz – doch trau ihm nicht:
Meinst du, er würde über jeden –
Nur über dich nicht! – Böses reden?

Zugluft

Red dich nicht allzusehr in Hitzen –
Wo Windige beisammen sitzen!

Verfolgungswahn

Ein Zweck, der recht sich überlegt,
Daß er verfolgt wird, unentwegt,
Fängt langsam sich zu fürchten an
Und leidet an Verfolgungswahn;
Beginnt auch, an sich selbst zu kritteln:
Ob er, verfolgt mit allen Mitteln,
Nicht an dem Unrecht selbst beteiligt,
Daß er, als Zweck, die Mittel heiligt?
Und tief durchfährt ihn da ein Schreck:
Am End ist er kein guter Zweck?
Vergebens, daß er – schon umgarnt –
Sich selbst als völlig zwecklos tarnt,
Versucht, sich höher stets zu recken:
Der Mensch wächst *auch* mit größern Zwecken.
Und eines Tags der Zweck erbleicht:
Es war umsonst – er ist erreicht!

Sportliches

Bei Lebensläufen sehn wirs klar:
Wer läuft, der läuft auch schon Gefahr!

Einbildung

Wir sehn mit Grausen ringsherum:
Die Leute werden alt und dumm.
Nur wir allein im weiten Kreise,
Wir bleiben jung und werden weise.

Am Tisch des Lebens

Wünsch nicht nur »Guten Appetit!«
Wirk auch als Wirt ein wenig mit!
Zu spät für den, den wir begraben,
Das: »Wünsche, wohl gelebt zu haben!«

Taubheit

Kaum, daß wir einen Freund beschwören:
»Gelt, wenn Sie einmal etwas hören!?« –
Schon hören – darauf ist Verlaß –
Wir von ihm selbst nie wieder was.

Unnötige Belastung

Wer wem was nachträgt, tut nicht klug:
Trägt jeder selbst doch schwer genug!

Fünftagewoche

Wie wär geblieben alles gut,
Hätt Gott am sechsten Tag geruht!
Er wär nur kommen bis zum Affen –
Der Mensch wär blieben unerschaffen!

Freizeitgestaltung

Die Frei*heit* – da ist keine Not:
Wohin man schaut, schlägt sie wer tot.
Doch, wie die Frei*zeit* totzuschlagen,
Muß man den Leuten eigens sagen.

Erste Hilfe

Man liest zwar deutlich überall:
Was tun bei einem Unglücksfall?
Doch ahnungslos ist meist die Welt,
Wie sie beim Glücksfall sich verhält.

Höhere Mathematik

Der Freunde Zahl berechnet keiner;
Auf alle Fälle ist sie – kleiner!

Inhaltsverzeichnis

Der Wunderdoktor (1939)

Neue Rezepte vom Wunderdoktor (1959)

Das Schönste von Eugen Roth
160 Seiten, gebunden
ISBN 3-8363-0251-7

Mir geht' s schon besser, Herr Professer!
Heilsame Verse von Eugen Roth
96 Seiten, gebunden
ISBN 3-7254-1302-9

Eugen Roths Kleines Tierleben
Mit Bildern von Philip Waechter
240 Seiten, gebunden
ISBN 3-7254-1379-7

Die Frau in der Weltgeschichte
Ein heiteres Buch mit 60 Bildern von Ernst Penzoldt
160 Seiten, gebunden
ISBN 3-446-24110-7

Einen Herzschlag lang
Die schönsten Geschichten
128 Seiten, gebunden
ISBN 3-7254-1339-8

Ein Mensch
Heitere Verse
88 Seiten, gebunden
ISBN 3-446-24407-8

Alles halb so schlimm
Frustschutzverse von Eugen Roth
96 Seiten, gebunden
ISBN 3-7254-1363-0

Sämtliche Menschen
304 Seiten, gebunden
ISBN 3-446-24037-7

Eugen Roth für Zeitgenossen
120 Seiten, gebunden
ISBN 3-7254-1238-3

Man kann sein Unglück auch versäumen
160 Seiten, gebunden
ISBN 3-446-24058-2